MW01289190

HUNGARIAN-ENGLISH

SIMPLE HUNGARIAN

SHORT STORIES

FLUENCY PRACTICE SERIES

INTERMEDIATE LEVEL

VOLUME 6

by Alexander Pavlenko

CREATE SPACE EDITION

PUBLISHED BY:

Sapcrystals plc on CreateSpace

HUNGARIAN-ENGLISH

SIMPLE HUNGARIAN

SHORT STORIES

INTERMEDIATE LEVEL

ISBN-13: 978-1523258215
ISBN-10: 1523258217

FOREWORD

Based on the Speech Plasma Method, the book is designed to teach students to speak Hungarian at intermediate level. The volume contains twenty short stories and special training drills. This volume will enable students of Hungarian to feel more comfortable with the language at a more advanced level. The book is a collection of stories told by people in everyday conversational manner. The stories are accounts of incidents or ideas which the people interviewed consider interesting or entertaining. They are not intended as great works of literature, rather as examples of people using their language naturally. The stories are the sort of tales that you might hear in a pub or at a party, reflections on anything from weather and inquisitive neighbours to a passion for music and how it can help handicapped children. At times amusing, surprising, entertaining or simply hard to believe, they are all related in the kind of natural informal style which language learners so often wish to imitate. This collection will help show you how to do just that.

CONTENTS

KRÉTAI KIRÁNDULÁS

Feleségemmel tavaly Görögország legdélibb szigetén, Krétán nyaraltunk, és sok kisebb kirándulást tettünk az ottani vidéken. Egy alkalommal a sziget déli részét akartuk felkeresni, ahol egy régi kolostor és néhány római kori építmény romjai találhatóak. Kis kígyózó úton keresztül busszal mentünk oda. Meglehetősen ijesztő volt nézni, amint a vezető a járművet az út összes tekergő kanyarján átmanőverezi. Minden kanyarban attól féltünk, hogy a busz nekimegy valaminek. A vezetőnek pedig az út minden egyes kanyarulatánál dudálnia kellett, mivel nem lehetett látni, hogy a másik irányból közeledik-e egy autó, és a két jármű nem fér el egymás mellett az úton.

Last year my wife and I spent our holidays in Crete, the southernmost island in Greece, and we made lots of little excursions there into the countryside. On one occasion, we wanted to visit the south side of the island, where there are some ruins from the Roman times and from a former monastery. We went there by bus, travelling along tiny little windy roads. It was quite frightening to watch how the bus driver was manoeuvring the vehicle around all of the twisty curves in the road, quite breathtaking. At every curve we were scared that the bus would crash, and the bus driver had to signal with his horn at each turning as it was impossible to see if any traffic was coming from the other direction and there wasn't enough space on the road for two vehicles to pass side by side.

Amikor a romokhoz legközelebb eső buszmegállóhoz értünk, a távolból már láthattuk azokat, valamint azt is, hogy csak kétféle módon juthatunk el odáig: gyalog vagy hajóval. Mivel hajónk nem volt, elindultunk gyalog egy kiszáradt folyómeder mentén a romok irányába. A térkép alapján az út 3 kilométeres sétának tűnt, de többnek kellett lennie, mivel körülbelül 3 órányi nehéz kúszás-mászásba került, hogy odaérjünk.

1

When we arrived at the nearest bus stop to the ruins, we could see them in the distance, and we could see that there were only two ways to get there - on foot, or by boat, if we had one, which we didn't. So we started walking in that direction, along a dried up river bed. From the map it seemed that the distance we had to walk was about three kilometres, but it must have been longer, as it took us about three hours of difficult climbing and scrambling over rocks to get there.

Az út végén egy domb tetejére értünk, ahonnan csodálatos kilátásunk nyílt a romokra. Találkoztunk egy francia fiúval, akivel nem igazán tudtunk elbeszélgetni, mivel nem beszéltünk idegen nyelvet, de barátságosan és nyíltan kommunikáltunk, majd együtt lemásztunk a romokhoz. Egy kerítés állta utunkat, de meglehetősen kicsi volt, és könnyű volt átmászni.

At one point on the way we reached the top of a hill, from which we had an amazing view of the ruins. There we met a boy from France, who we shared friendly gestures with, but couldn't really speak with as we didn't speak a foreign language. We climbed down from there together, into the grounds of the ruins. There was a fence blocking our path, but it was quite small and easy to climb over.

A romoknál volt néhány ferde, csomós és öreg olajfa, valamint a bejáratnál egy szép római korból származó, sok kis ösvénnyé szerteágazó mozaik. A kolostor nagyon kicsi volt. Minden szerzetes cellája egy 2x3 méteres pici, dobozszerű szoba volt. Az egész helynek valami gyönyörű, ősi atmoszférája volt.

In the grounds of the ruins were some very twisty, gnarled old olive trees, and at the entrance we found a beautiful mosaic from the Roman times, leading to many little paths. The monastery was very small. Each of the monks' cells were just tiny little box-like rooms, two by three metres in size. The whole place had a beautiful, ancient atmosphere.

A sok sétától nagyon kifáradva értünk oda, és nem örültünk a buszmegállóhoz visszavezető, előttünk álló nagy útnak. Sőt, nem is voltunk biztosak abban, hogy időben odaérnénk az utolsó buszhoz. A parton szerencsére találkoztunk egy halásszal, aki éppen polipokra halászott. Olyan kedves volt, hogy 10-15 perc alatt hajóval visszavitt minket az úthoz, ahol letett minket, onnan pedig egy nagyon rövid sétával eljutottunk a buszmegállóig. Időben elértük a buszt. A kellemes és érdekes kirándulás után kicsit kimerültek, de nagyon boldogok voltunk.

By the time we got there we were very tired after so much walking, and weren't looking forward to the long trek back to the bus stop. We weren't even sure that we would get there in time for the last bus. Fortunately, we met a fisherman on the beach, who was there fishing for octopuses. He was kind enough to take us back to the road by boat, which only took about ten or fifteen minutes, and the walk to the bus stop from where he dropped us off was very short. We were well in time to catch the bus. We were very happy, if a little exhausted, after a nice, interesting trip.

1. Hol töltötték tavaly a szünidejüket?
2. Mit csináltak a szünidejük alatt?
3. Miért akarták a sziget déli részét meglátogatni?
4. Hogy jutottak el oda?
5. Miért találták ijesztőnek az utazásukat?
6. Mitől féltek?
7. Miért kellett a sofőrnek jelezni a kürtjével a kanyarokban?
8. Hogy juthattak el a buszmegállóból a romokhoz?
9. Mennyi ideig tartott nekik odaérni?
10. Hol találkoztak egy francia fiúval?
11. Mi volt a probléma a vele való kommunikáció során?
12. Min kellett átjutniuk, mikor a romokhoz értek?
13. Mit találtak a romok bejáratánál?
14. Milyen méretűek voltak a szerzetesek cellái?
15. Mit gondoltak arról a helyről?
16. Miért nem voltak lelkesek, hogy visszasétáljanak a buszmegállóba?
17. Mi történhetett volna, ha vissza kell sétálniuk a buszmegállóba?
18. Kivel találkoztak?
19. Mit csinált ott a halász?
20. Milyen szívességet tett nekik?
21. Milyen sokáig tartott a hajóút?
22. Letette őket a halász a buszmegállóban?
23. Hogy érték el aztán a buszmegállót?
24. Elérték az utolsó buszt?
25. Hogy érezték magukat a nap végén?

1. Where did they spend their holidays last year?
2. What did they do while on holiday?
3. Why did they want to visit the south part of the island?
4. How did they get there?
5. Why did they find their trip frightening?
6. What were they afraid of?
7. Why did the driver have to signal with his horn at turnings?
8. How could they get to the ruins from the bus stop?
9. How long did it take them to get there?
10. Where did they meet a boy from France?
11. What was the trouble communicating with him?
12. What did they have to get over when they got to the ruins?
13. What did they find at the entrance of the ruins?
14. What size were the monks' cells?
15. What did they think of the place?
16. Why weren't they eager to walk back to the bus stop?
17. What could happen if they had walked to the bus stop?
18. Who did they meet?
19. What was the fisherman doing there?
20. What was the favour he did them?
21. How long did the boat trip take?
22. Did the fisherman drop them off at the bus stop?
23. How did they reach the bus stop then?
24. Did they catch the last bus?
25. How did they feel at the end of the day?

1. Gyakorlat
Sok kis kígyózó úton keresztül busszal mentek oda. Meglehetősen lélegzetelállító és ijesztő volt nézni, amint a vezető a járművet az út összes tekergő kanyarján átmanőverezi. Minden kanyarnál attól féltek, hogy a busz nekimegy valaminek. A vezetőnek pedig az út minden egyes kanyarulatánál dudálnia kellett, mivel lehetetlen volt észrevenni a szembejövő forgalmat a másik irányból.

Training 1
They went there by bus, travelling along tiny little windy roads. It was quite frightening to watch how the bus driver was manoeuvring the vehicle around all of the twisty curves in the road, quite breathtaking. At every curve they were scared that the bus would crash, and the bus driver had to signal with his horn at each turning as it was impossible to see if any traffic was coming from the other direction.

2. Gyakorlat
Csak kétféle módon lehetett eljutni a romokig: gyalog vagy hajóval. Így gyalog indultak el egy kiszáradt folyómeder mentén a cél irányába. A térkép szerint az út három kilométeres sétának ígérkezett, de bizonyára több volt, hiszen körülbelül három órányi, a sziklákon át tartó, megerőltető kúszás-mászás után értek célba.

Training 2
There were only two ways to get to the ruins - on foot, or by boat. So they started walking in that direction, along a dried up river bed. From the map it seemed that the distance they had to walk was about three kilometres, but it must have been longer, as it took them about three hours of difficult climbing and scrambling over rocks to get there.

3. Gyakorlat

Az út során egy domb tetejére értek, ahonnan a romokra csodálatos kilátásuk volt. Ott találkoztak egy francia fiúval, akivel nem igazán tudtak elbeszélgetni, mivel nem beszéltek idegen nyelvet, de barátságosan és nyíltan kommunikáltak, majd együtt lemásztak a romokhoz. Egy kerítés állta útjukat, de meglehetősen kicsi volt, és könnyen átmásztak rajta.

Training 3

At one point on the way they reached the top of a hill, from which they had an amazing view of the ruins. There they met a boy from France, who they shared friendly gestures with, but couldn't really speak with as they didn't speak a foreign language. They climbed down from there together, into the grounds of the ruins. There was a fence blocking their path, but it was quite small and easy to climb over.

4. Gyakorlat

A romoknál volt néhány ferde és öreg olajfa, valamint a bejáratnál egy szép római korból származó mozaik, amely sok kis útba vezetett. A kolostor nagyon kicsi volt. Minden szerzetes cellája egy 2x3 méteres, pici, dobozszerű szoba volt. Az egész helynek valami gyönyörű, ősi atmoszférája volt.

Training 4

In the grounds of the ruins were some very twisty, gnarled old olive trees, and at the entrance they found a beautiful mosaic from the Roman times, leading to many little paths. The monastery was very small. Each of the monks' cells were just tiny little box-like rooms, two by three metres in size. The whole place had a beautiful, ancient atmosphere.

5. Gyakorlat

A parton szerencsére találkoztak egy halásszal, aki éppen polipokra halászott. Olyan kedves volt, hogy 10-15 perc alatt hajóval visszavitte őket az úthoz, ahol letette őket, onnan pedig egy nagyon rövid sétával eljutottak a buszmegállóig. Így időben elérték a buszt. A kellemes és érdekes kirándulás után kicsit kimerültek, de nagyon boldogok voltak.

Training 5

Fortunately, they met a fisherman on the beach, who was there fishing for octopuses. He was kind enough to take them back to the road by boat, which only took about ten or fifteen minutes, and the walk to the bus stop from where he dropped them off was very short. They were well in time to catch the bus. They were very happy, if a little exhausted, after a nice, interesting trip.

EDINBURGH-I KOCSMAZENE

Sok évvel ezelőtt, amikor először jártam Írországban kezdtem el érdeklődni az ír zene iránt, s miután részt vettem néhány helyi folk-fesztiválon, erős késztetést éreztem a zenélésre. Az első ilyen eseményt, amin ott voltam, a Sligo megyei Ballisadare-ban rendezték meg. Sok nagy csapat lépett fel az akkoriban legismertebb ír zenekarok közül, úgy mint a DeDanaan, a The Bothy Band és a Clannad. Sátrak és emberek ezrei voltak mindenfelé, és a hangulat nagyszerű volt. Az egész dolog három napig tartott, és igazán jól éreztem magam.

I first became involved in playing Irish music many years ago when I first visited Ireland, and was greatly inspired after attending some great folk festivals there. The first one I went to was in County Sligo, in Ballisadare. There were so many great groups playing there - DeDanaan, The Bothy Band, Clannad, all the best known Irish musicians of that time. There were thousands of tents and thousands of people everywhere, and there was a really great atmosphere. The whole thing lasted for three days, and I had a really nice time.

Leginkább a hegedűnek, ennek a fantasztikus hangszernek a hangereje fogott meg. Kisgyerekként magam is hegedülni tanultam, de 13 éves korom körül felhagytam vele. De miután szemtanúja voltam azoknak a fellépéseknek Írországban, nos, újra folytatnom kellett. Hazahoztam jónéhány kottányi zenét Írországból, és Dorchesterbe hazaérvén csatlakoztam egy helyi folk-klubba, majd kipróbáltam közülük néhányat. Eleinte nagyon lassan játszottuk őket. Olyan lassan, hogy fel se ismerted volna, én azonban fokozatosan megtanultam párat kívülről.

What struck me most was the power of the sound of the fiddle, such a fantastic instrument. I took up the fiddle when I was a small child, but dropped it when I came to the age of about thirteen. But after seeing those folk play in Ireland, well, I had to pick it up again. I brought some sheet music back from Ireland, and when I got back home to Dorchester, joined a local folk music club and tried a few tunes. First we played the tunes very slowly. You wouldn't recognize them because they were so slow, but gradually I learnt a few of them by heart.

Aztán Edinburgh-be költöztem, mert természettudós feleségemet, Sophie-t felkérték, hogy dolgozzon az edinburgh-i egyetemen. Ő olyan munkahelyet keresett, ahol jól tud dolgozni, kiszélesítheti ismereteit, és ugyanakkor én is jól érzem, magam. Írországot és Skóciát fontolgattuk, míg végül Skócia mellett döntöttünk. Én is találtam ott munkát. Szintén természettudós vagyok, pontosabban mohákra specializálódott biológus. Skóciában rengeteg moha található, és ezenkívül olyan embereket ismertem meg, akiket szintén érdekelt a mohák tanulmányozása. Nemsokára azon vettem észre magam, hogy a Skót Örökség Megőrzéséért elnevezésű szervezet tőzegtelepein dolgozom. Otthon éppen befejeztem egy nagy tanulmányt a nehézfém lerakódásokról, amit mohák vizsgálatával lehet lemérni, és néhány kedvező alkalmam nyílt eredményeimről más szakemberekkel is beszélni, valamint mohákat gyűjteni.

Then I moved to Edinburgh, because my wife, Sophie, is a scientist, and she got a grant to go and work at the University of Edinburgh. She was looking for a place to work where she could work well and expand her knowledge and at the same time somewhere where I would feel happy. We considered Ireland and Scotland, and eventually decided upon Scotland. I found some work there too. I am also a scientist, a biologist, specializing in mosses. There are so many mosses in Scotland, and I knew people up there who were also involved in studying mosses, so I found myself working for the peat land section of the Scottish Heritage Trust. At home I'd just finished a big study on heavy metal deposition, which can be gauged by analyzing mosses, and I had some good opportunities to talk with other experts about my results, as well as to collect mosses.

Edinburgh-i tartózkodásom életem egyik legnagyszerűbb időszaka volt, mert élveztem a munkámat, esténként pedig remek zenei élményekben volt részem. Hetente háromszor néhány helyi pubban tartott folk összejöveteleken vettem részt, ahol néhány igazán nagy zenésszel találkoztam, akik nagyszerű emberek is. Kora este bementünk és leültünk a kocsmában, megittunk egy italt, és addig beszélgettünk, míg valaki elő nem vette a hangszerét és játszani kezdett. Ekkor a többiek, akik ismerték a dallamot, csatlakoztak hozzájuk. Néhányan rendszeresen játszottak mindegyik pubban, de mindig voltak olyanok is, akik csak benéztek egy időre. Az első ilyen összejövetelre véletlenül bukkantam rá. Csak bementem egy kocsmába, és láttam, hogy néhányan zenélnek. S ha már egyszer betévedsz egy összejövetelre, könnyű megtudakolnod a zenészektől a többiek idejét és helyét. Akkoriban valójában elég rosszul hegedültem, de azért egy kicsit próbálgattam játszani, és sokat hallgattam mások játékát is. Az emberek pedig nagyon kedvesek voltak és sok összejövetelre elvittek. Most sem vagyok nagy hegedűművész, de azért azt hiszem, hogy azóta javultam egy keveset. Összejövetelről összejövetelre magammal vittem egy hordozható magnót, és sok-sok dallamot felvettem vele, s amikor csak időm engedte, próbáltam megtanulni néhányat közülük. Sokat tanultam abból, hogy másokat hallgattam, és néztem, hogy játszanak, és Edinburgh-ben akkortájt volt néhány igazán tehetséges zenész, mint például John Martin. El sem tudod képzelni, néhányan milyen jól játszottak! Sőt, voltak olyanok is, akik mandolinon, furulyán, ír dudán és gitáron is játszottak.

My time in Edinburgh was one of the finest times of my life, because I enjoyed my work, and there was great music in the evenings. I went out three times a week to folk music sessions, which took place in a few of the local pubs, and met some really great musicians there, some lovely people. We'd go in and sit down in the pub at the beginning of the evening, have a drink, and would be chatting away when someone would get out their instrument and start playing. Then others that knew the tune they were playing would join in. Some people would play regularly in each pub, and there were always people passing through. The first session I went to I discovered by luck. I just went into the pub and saw that there were people playing, and once you're in one session it's easy to find out from the musicians the times and places of

11

others. I really was a bad fiddle player at the time, but I tried to play a bit and listened a lot, and people were very kind to me and took me to lots of sessions. I'm not a great player at the moment, but I think I've improved a bit since then! I took a portable tape recorder with me and recorded, session by session, many tunes, and tried to learn some of them when I had some spare time. I learned a lot from listening and watching how others played - and there were some really talented players in Edinburgh at that time, like John Martin, for example. You can't imagine how good some of the playing was. There were also people playing the mandolin and the flute, Irish pipes and guitars.

Az edinburgh-i összejövetelekre nagy hatással voltak az Észak-Írországból, főleg Donegalból tömegesen érkező emberek. Van néhány olyan pub, ahol ír zenét játszanak, és persze néhány, ahol skótot. Az ír összejöveteleken valahogy mindig többen vettek részt, talán azért, mert a skót zenét általában egy szólóhangszeren játszák, esetleg gitárkísérettel, míg az ír zenében gyakran öt vagy hat hegedű játszik együtt, ami úgy vélem sokkal izgalmasabb. Másrészt a skót összejöveteleken nagyon ritkán hallhatok énekdalt, az íreknél azonban ez sokkal gyakoribb.

A lot of people from Northern Ireland, particularly from Donegal, used to come to the Edinburgh sessions, and they were a strong influence. There are some pubs where people play Irish music there, and some where people play Scottish music. There were always more people playing in the Irish sessions, maybe because Scottish music is usually played by a solo instrument, maybe with a guitar accompaniment, whereas in Irish music you often find five or six fiddles playing together, which is, I think, more exciting. Also, in the Scottish sessions, you'd very rarely hear any songs, which were more common in the Irish ones.

Nem szeretnék örökké Edinburgh-ben élni, de igazán fantasztikus napokat töltöttem ott, és szomorú szívvel hagytam el. Túl rövid volt az idő, főleg a gyerekeinknek. Ők ott jártak először iskolába. Mindketten erőteljes skót akcentust vettek fel!

I wouldn't have liked to live in Edinburgh forever, but I had a really fantastic time there and I was sad to leave. The time there was too short, even for our kids. The kids went to school there, and for our son it was the first time he'd been to school. They both picked up a strong Scottish accent!

1. Greg mikor vált először az ír zenejáték részesévé?
2. Milyen volt az első fesztivál, amit meglátogatott?
3. Mi fogta meg leginkább a fesztiválon?
4. Mikor kezdett el hegedülni?
5. Miért kellett újra játszani tanulnia?
6. Hogyan folytatta a hegedülést hazaérkezésekor?
7. Miért költöztek Edingburgh-ba?
8. Mivel foglalkozott Greg és a felesége?
9. Mi a helyzet Greg skóciai munkájával?
10. Miért szeretett Edinburgh-ben élni?
11. Milyen gyakran ment folkzenei összejövetelekre?
12. Hol voltak ezek?
13. Mit csináltak az összejöveteleken?
14. Hogy történt, hogy rálelt azokra az összejövetelekre?
15. Hogy lett belőle rendszeres játékos az összejöveteleken?
16. Az időben Greg milyen hegedűjátékos volt?
17. Fejlődött azóta?
18. Mit tett a fejlődésért?
19. Milyen más hangszeren játszott néhány zenész?
20. Csak skót zenéket játszottak az edinburgh-i pubban?
21. Hogy történt, hogy ír összejövetelek voltak Edinburgh-ban?
22. Miért játszott több ember az ír összejöveteleken?
23. Általánosak voltak a dalok a skót összejöveteleken?
24. Hogy érezte magát, amikor ott kellett hagynia Edinburgh-ot?
25. Miért volt az az idő kiváló a gyerekeiknek is?

1. When did Greg first become involved in playing Irish music?
2. What was the first festival he visited like?
3. What struck him most at the festival?
4. When did he take up fiddle?
5. Why did he have to learn playing it again?
6. How did he pick up the fiddle back home?
7. Why did they move to Edinburgh?
8. What did Greg and his wife do?
9. What about Greg's work in Scotland?
10. Why did he enjoy living in Edinburgh?
11. How often did he go to folk music sessions?
12. Where did they take place?
13. What did they do at the sessions?
14. How did he happen to discover those sessions?
15. How did he turn into a regular session player?
16. What kind of fiddle player was Greg at the time?
17. Has he improved since then?
18. What did he do to improve?
19. What other instruments did some of the musicians play?
20. Did they only play Scottish music in the pubs in Edinburgh?
21. How did it happen that there were Irish sessions in Edinburgh?
22. Why were there more people playing in the Irish sessions?
23. Were songs typical for Scottish sessions?
24. How did he feel when he had to leave Edinburgh?
25. Why was that time prominent for their children, too?

1. Gyakorlat

Amikor sok évvel ezelőtt, Greg először járt Írországban, akkor kezdett el érdeklődni az ír zene iránt. S miután részt vett néhány nagyszerű helyi folk-fesztiválon, erős késztetést érzett a zenélésre. Az első ilyen eseményt, amin ott volt, Sligo megyében lett megrendezve. Sok nagy csapat lépett fel. Sátrak és emberek ezrei voltak mindenfelé, és a hangulat nagyszerű volt.

Training 1

Greg first became involved in playing Irish music many years ago when he first visited Ireland. He was greatly inspired after attending some great folk festivals there. The first one he went to was in County Sligo. There were so many great groups playing there. There were thousands of tents and people everywhere, and there was a really great atmosphere.

2. Gyakorlat

Greg kisgyerekként hegedülni tanult, de körülbelül tizenhárom éves korában felhagyott vele. De miután látta azokat a fellépéseket Írországban, Gregnek újra folytatnia kellett. Greg elraktározott a fejében néhány írországi dallamot, és hazaérvén betért egy helyi folkzenei klubba, és kipróbált közülük néhányat. Eleinte nagyon lassan játszották a dallamokat. Greg azonban fokozatosan megtanult párat kívülről is.

Training 2

Greg took up the fiddle when he was a small child, but dropped it when he came to the age of about thirteen. But after seeing those folk play in Ireland, Greg had to pick it up again. He brought some sheet music back from Ireland, and when he got back home, joined a local folk music club and tried a few tunes. First they played the tunes very slowly. But gradually Greg learnt a few of them by heart.

3. Gyakorlat

A családjával Edinburgh-be költözött, mert a feleségét felkérték, hogy dolgozzon az edinburgh-i egyetemen. Ő egyébként olyan munkahelyet keresett, ahol kiszélesítheti ismereteit, és ugyanakkor Greg is jól érzi magát. Végül Skócia mellett döntöttek. Greg is talált ott munkát. Ő egy mohákra specializálódott biológus. És jó lehetőségei voltak más szakértőkkel is elbeszélgetni, akárcsak mohákat gyűjteni.

Training 3

He moved to Edinburgh, because his wife got a grant to work at the University of Edinburgh. She was looking for a place to work where she could expand her knowledge, and at the same time somewhere where Greg would feel happy. They eventually decided upon Scotland. Greg found some work there too. He is a biologist, specialising in mosses. And he had some good opportunities to talk with other experts, as well as to collect mosses.

4. Gyakorlat

Amíg Edinburgh-ban tartózkodtak, Greg hetente háromszor folk-összejöveteleken vett részt. Bementek és leültek a kocsmában, megittak egy italt, és némelyikük elővette a hangszerét és játszani kezdett. Ekkor a többiek csatlakoztak. Greg akkoriban valójában elég rosszul hegedült, de sokat tanult abból, hogy mások játékát hallgatta és figyelte.

Training 4

While they were living in Edinburgh Greg went out three times a week to folk music sessions. They'd go in, sit down in the pub, and have a drink, and someone would get out their instrument and start playing. Then others would join in. Greg really was a bad fiddle player at the time, but he learned a lot from listening and watching how others played.

5. Gyakorlat

Az edinburgh-i összejövetelekre nagy hatással voltak az Észak-Írországból tömegesen érkező emberek. Van néhány olyan pub, ahol ír zenét játszanak, és persze olyan is, ahol skótot. Az ír összejöveteleken mindig többen vesznek részt, talán azért, mert az ír zenében gyakran öt vagy hat hegedű játszik együtt vagy, mert a dalok az ír összejöveteleken sokkal gyakoribbak.

Training 5

A lot of people from Northern Ireland used to come to the Edinburgh sessions, and they were a strong influence. There are some pubs where people play Irish music, and some where people play Scottish music. There were always more people playing in the Irish sessions, maybe because in Irish music you often find five or six fiddles playing together or because songs were more common in the Irish sessions.

BALALAJKÁK SZÍRIÁBAN

Orosz barátom, Alexander érdekes történetet mesélt nekem néhány évvel ezelőtti damaszkuszi utazásáról Szíriában. Egy 14-17 év közötti fiúkból és lányokból álló tánccsoport tolmácsaként dolgozott egy Szibéria kellős közepén lévő városban. Egy nagyon profi tánccsoport volt, mivel mind körülbelül hatéves koruk óta táncolnak és mindennap intenzíven gyakorolnak, és különféle táncfajtákat tanulva. Mély benyomást keltett a látványuk. Szívesen dolgozott velük, és örömmel nézte őket, ahogy táncolnak. S ahányszor csak nézte őket, nem tudta megállni, hogy ne csodálja meg őket, hiszen olyan nagyszerűen táncoltak, jobban, mint sok felnőtt tánccsoport, amit valaha látott.

My friend Alexander, who is Russian, told me an interesting story about a trip he made to Damascus, in Syria, a few years ago. He was working in a city in the heart of Siberia as an interpreter for a dancing group, composed of boys and girls aged between about fourteen and seventeen. They were a very professional dancing group, as they'd all started dancing at about the age of six, and had been training intensively since then, every day, learning many different types of dances, so it was very impressive to see them. It was a real pleasure for my friend to work with them, and to see them dance so often. Every time he looked at them he couldn't help admiring them, as they danced so magnificently, better than many adult dancing groups that he'd seen.

Mindenesetre a nyár közepén, valamikor július vagy augusztus táján Damaszkuszba utaztak, s mivel Szibériában akkor meglehetősem meleg, körülbelül 29 fok volt, mindenki izzadt. Indulás előtt Alexander így szólt: "Ne felejtsétek el, hogy Damaszkuszba megyünk, ami nagyon közel van a sivataghoz, és legalább 47, vagy akár 50 fok is lesz."

Anyway, they travelled to Damascus in July or August, in the middle of summer, so it was rather hot in Siberia at that time, about twenty-nine degrees Celsius, so everybody was sweating. He said to them before they left, "Don't forget where we are going, we're going to Damascus, very close to the desert, and it's going to be something like forty-seven or even fifty degrees."

Azonban amikor a repülőtérre megérkezvén kiszálltak a gépből, nem akarták elhinni, hogy sivatagi területen vannak, mivel mindannyian egy kissé fáztak! Amikor pedig a reptéren közölték, hogy csak 18 fok van, alig akartak hinni a fülüknek.

When they arrived at the airport, however, and got out of the plane, they didn't believe that they were in a desert region, as they all felt a little bit chilly! When it was announced at the airport that it was just eighteen degrees, they couldn't believe their ears.

Másnap viszont melegfront érkezett, és őrjítő hőség volt. A hőmérséklet elérte a 47 fokot, s így a barátomnak és a csapatának lehetetlenség volt kimenni az utcára nap közben, anélkül, hogy árnyékban maradtak. Sétálhattak a fedett sétálóutcákon, vagy üldögélhettek a kávéházak napernyői alatt, de a szabadban lenni teljesen lehetetlen volt.

The next day, however, the heat wave came, and it was blistering hot. The temperature reached forty-seven degrees, and so during the day it was almost impossible for my friend and his group to go out into the street without staying in the shade. They could walk along covered walkways, or stay under the canvas awnings of cafes, but it was absolutely unbearable to be in the open.

A barátom azt mondta, hogy nyáron a nappali órákban a város teljesen kihaltnak tűnik, az utcák szinte üresek, csak itt-ott lézeng néhány ember, egyébként semmi más életjel nem lelhető fel. Ám este 9 óra tájban, naplementekor megindul az élet. Mindenki kijön az utcára, kinyitnak az éttermek és a kávéházak, szóval megkezdődik a város társadalmi élete. Az emberek partikra mennek, meglátogatják egymást, vesznek és eladnak, és moziba mennek. A nap itt este 9-kor kezdődik és kb. reggel 2-3 óráig tart.

Barátomnak ez egy teljesen feje tetejére állt világ volt, hiszen Szibériában minden üzlet 9-kor bezár, az élet leáll és mindenki lefekszik aludni.

My friend said that during the daytime in the summer there it is just like a dead city, with nearly empty streets with only very few people walking here and there and no other signs of life. But when the sun goes down, at about nine o'clock in the evening, life there really begins. All of the people come out into the streets, the cafes and restaurants open, and the social life starts. They go to parties, visit each other, buy and sell things, go to the cinemas - everything starts at nine in the evening and carries on until about two or three in the morning. For my friend it was like an upside-down world, as in Siberia everything closes at about nine, life finishes and everybody goes to bed.

Alex számára az is meglepő volt, hogy míg Oroszországban teljesen szokatlan, hogy a gyerekek szüleikkel együtt esténként étterembe és különböző helyekre járjanak, addig Damaszkuszban ez természetes. Ülsz, iszogatsz és beszélgetsz, és a 3-4 éves gyerekek szintén ott ülnek a szüleik mellett, vagy még inkább az asztalok között szaladgálnak és játszadoznak. Ez azért is volt szokatlan élmény barátomnak, mert Oroszország a Vasfüggöny idején igen korlátozott volt, és neki azelőtt soha nem nyílt lehetősége külföldre utaznia.

Another thing that surprised Alex was that whereas in Russia it's very unusual for children to go out with their parents to restaurants and to places in the evening, in Damascus it's normal. The children may be three or four years old; you will be sitting and drinking and talking, and the children either sit down next to their parents or, more usually, run around between the tables and play. This was so unusual for my friend to experience, especially as Russia had been so restricted because of the Iron Curtain and he'd never had the opportunity to travel abroad before.

Táncturnéjuknak hatalmas sikere volt. Jónéhány városban, így Damaszkuszban, Aleppo-ban és még 2 vagy 3 helyen megfordultak, és minden egyes előadás során a közönség tombolt. Tapsoltak, és ráadást kértek újra meg újra. A csoportot orosz hangszeren, balalajkán játszó kis zenészcsapat kísérte, ami a teljesen más zenei kultúrával rendelkező helyi közönségnek, akik többnyire arabok voltak, nagyon szokatlan volt, s csak ámulták és tökéletesen szórakoztak, szóval mindannyian együtt mulattak.

Their dancing tour was a great success. They were in several cities - Damascus, Aleppo and two or three more, and in each place that they danced the audiences went wild. They applauded and called for encores again and again and again. They were accompanied by a small group of musicians playing Russian instruments, balalaikas, and this was very unusual for the local people who were mostly Arabs, as their music was absolutely different, so they were altogether amused, amazed and thoroughly entertained.

Különösen sikeresek voltak a 30000 örmény lakta Aleppo-ban. Örményország a volt Szovjetunió egyik köztársasága. Amikor az emberek értesültek az orosz csapat vendégjátékáról, és arról, hogy a híres örmény zeneszerző, Hacsaturján műveit is játszották már, özönlöttek az előadásra. Hihetetlenül jó volt a fogadtatás. A közönség nagyon lelkes volt, tapsolt, és számtalanszor ismétlést kért, talán azért is, mert olyan nagyon szerették ezt a zenét, és mély kapcsolatot éreztek vele.

They were especially successful in Aleppo, as thirty thousand Armenians live there. Armenia was a republic of the Soviet Union, and when they learnt that a group from Russia were playing, and also that they played music by Khachaturian, the famous Armenian composer, they flocked to the performance. They were fantastically well-received. The audience applauded and encored them many times, and were very enthusiastic, maybe because they liked this music so much and felt a deep connection with it.

Egy szép ötcsillagos, hatalmas négyfogásos étkezésekkel, első osztályú kiszolgálással, luxusszolgáltatásokkal, úszómedencével és ehhez hasonló dolgokkal felszerelt szállodában laktak, és ez barátomnak, aki azelőtt életében nem tette ki a lábát Oroszországból, igazi meglepetés volt. Különleges, talán élete egyik legnagyobb élményét jelentette ez neki.

They stayed in a beautiful five-star hotel, with luxurious facilities, swimming pools, huge four-course meals, top-class service and things like this, and that was such a surprise for my friend, who had never been out of Russia before in his life. It was an absolutely fantastic experience for him, one of the greatest experiences of his life.

1. Hová utazott Alexander?
2. Mit csinált aztán?
3. Hogy váltak azok a tinédzserek olyan korán profikká?
4. Mikor utaztak Damaszkuszba?
5. Milyen volt az idő Szibériában, amikor otthagyták?
6. Mire figyelmeztette Alexander a csoportját?
7. Mi lepte meg őket, amikor megérkeztek a repülőtérre?
8. Milyen volt másnap a hőmérséklet?
9. Hogyan tudtak menni napközben a városban?
10. Milyen volt Damaszkusz napközben?
11. Mikor kezdődött el az élet igazán?
12. Mit csinálnak a helyiek esténként?
13. Jellemző az ilyen élénk esti élet Szibériára?
14. Mi volt a másik dolog, ami meglepte Alexandert?
15. Sokat utazott ezelőtt az utazás előtt?
16. Hogyan fogadta a közönség a csoportot?
17. Mi volt szokatlan a helyi közönségnek a zenét illetően?
18. Hol voltak különösen sikeresek?
19. Mi lehetett az oka ennek?
20. Kinek a zenéjét játszották többek között?
21. Hogyan fogadta őket a közönség Aleppo-ban?
22. Hol tartózkodtak?
23. Milyen szolgáltatások voltak azokban a hotelekben?
24. Miért volt ez olyan nagy meglepetés Alexandernek?
25. Mit gondolt arról az utazásról?

1. Where did Alexander travel?
2. What was he doing then?
3. How did those teenagers become professionals so early?
4. When did they travel to Damascus?
5. What was the weather like in Siberia when they left?
6. What did Alexander warn his group about?
7. What surprised them when they arrived at the airport?
8. What was the temperature like the next day?
9. How could they get around in the city during the day?
10. What was Damascus like during the daytime?
11. When does life really begin?
12. What do the locals do in the evening?
13. Is such a vivid night life typical for Siberia?
14. What was another thing that surprised Alexander?
15. Had he travelled a lot before this trip?
16. How did the audience meet the group?
17. What was unusual for the local public in terms of music?
18. Where were they especially successful?
19. What could be the reason for that?
20. Whose music did they play among others?
21. How did the audience receive them in Aleppo?
22. Where did they stay?
23. What facilities were there at those hotels?
24. Why was it such a great surprise for Alexander?
25. What did he think of that trip?

1. Gyakorlat

Orosz barátom, Alexander Szíriába utazott néhány évvel ezelőtt. Fiúkból és lányokból álló tánccsoport tolmácsaként dolgozott egy Szibéria kellős közepén lévő városban. Ők nagyon profi tánccsoport voltak, minthogy mindannyian hatéves korukban kezdtek táncolni, és azóta mindennap intenzíven edzenek. S ahányszor csak nézte őket, nem tudta megállni, hogy ne csodálja meg őket, hiszen olyan nagyszerűen táncoltak, hogy túltettek az általa valaha látott bármelyik felnőtt tánccsoporton.

Training 1

My Russian friend Alexander made a trip to Syria some years ago. He was working in a city in the heart of Siberia as an interpreter for a dancing group, composed of boys and girls. They were a very professional dancing group, as they'd all started dancing at about the age of six, and had been training intensively since then. Every time he looked at them he couldn't help admiring them, as they danced better than many adult dancing groups that he'd seen.

2. Gyakorlat

A nyár közepén Damaszkuszba utaztak. Azonban amikor a repülőtérre megérkeztek, közölték, hogy csak 18 fok van, alig akartak hinni a fülüknek. Másnap viszont melegfront érkezett, és őrjítő hőség volt. A hőmérséklet elérte a 47 fokot, s így egész nap a szabadban lenni teljesen lehetetlen volt.

Training 2

They travelled to Damascus in the middle of summer. When they arrived at the airport, however, it was announced that it was just eighteen degrees, so they couldn't believe their ears. The next day, however, the heat wave came, and it was blistering hot. The temperature reached forty-seven degrees, and so during the day it was absolutely unbearable to be in the open.

3. Gyakorlat

Damaszkusz nyáron a nappali órákban teljesen kihaltnak tűnik, az utcák üresek, csak itt-ott lézeng néhány ember, egyébként semmi más életjel nem lelhető fel. Ám naplementekor megindul az élet. Mindenki kijön az utcára, kinyitnak az éttermek, emberek partikra mennek, meglátogatják egymást, vesznek és eladnak, és moziba mennek. A nap itt este 9-kor kezdődik és kb. reggel 2-3 óráig tart.

Training 3

During the daytime in the summer Damascus is just like a dead city, with nearly empty streets with only very few people and no other signs of life. But when the sun goes down life there really begins. All of the people come out into the streets, the restaurants open, they go to parties, visit each other, buy and sell things, go to the cinemas - everything starts at nine in the evening and carries on until about two or three in the morning.

4. Gyakorlat

Táncturnéjuknak hatalmas sikere volt. Különböző városokban voltak, és minden helyen, ahol táncoltak, a közönség tombolt. Tapsoltak és ráadást kértek újra meg újra. A csoportot orosz hangszeren, balalajkán játszó kis zenészcsapat kísérte, ami a teljesen más zenei kultúrával rendelkező helyi közönségnek, akik többnyire arabok voltak, nagyon szokatlan volt, szóval mindannyian csak együtt ámultak, bámultak és szórakoztak.

Training 4

Their dancing tour was a great success. They were in several cities, and in each place that they danced the audiences went wild. They applauded and called for encores again and again. They were accompanied by a small group of musicians playing Russian instruments, balalaikas, and this was very unusual for the local people, as their music was absolutely different, so they were altogether amused, amazed and thoroughly entertained.

5. Gyakorlat

Egy szép ötcsillagos, luxusszolgáltatásokkal, úszómedencével, hatalmas négyfogásos étkezésekkel, első osztályú kiszolgálással, és ehhez hasonló dolgokkal felszerelt szállodában laktak. Ez egy fantasztikus élmény volt. Ez azért is volt szokatlan élmény barátomnak, mert Oroszország a Vasfüggöny idején igen korlátozott volt, és neki azelőtt soha nem nyílt lehetősége külföldre utaznia.

Training 5

They stayed in a beautiful five-star hotel, with luxurious facilities, swimming pools, huge four-course meals, top-class service and things like this. It was an absolutely fantastic experience. This was so unusual for my friend, especially as Russia had been so restricted because of the Iron Curtain and he'd never had the opportunity to travel abroad before.

28

ELVESZETT ÉS MEGKERÜLT

Norvégiában töltött napjaimról fogok mesélni egy történetet. Akkoriban volt egy Helga nevű barátnőm, és néha elmentünk a 2000 méter magasan a hegyekben fekvő családi házukhoz, ami nagyon jó síelési kiindulópont. Hátunkon sílécekkel és egy hátizsákkal felmásztunk a hegyekbe, egész nap síeltünk, aztán visszajöttünk, leültünk a tűz mellé, és Helga papájával nekiálltunk sakkozni. Rendszeresen megvert engem a játszmák során: egyszerűen csak bekerítette a királyomat és vesztettem.

I'll tell you about the time I spent living in Norway. I had a girlfriend when I was there named Helga, and we used to go away sometimes to her family house, which was 2000 metres up in the mountains, and a very good base for skiing. We used to go up the mountains with a rucksack and skis on our backs, spend the day skiing, and then come back down and sit by the fire, and then Helga's Dad would beat me at chess: he'd just trap my king and I'd lose...

Középkori archeológiára specializálódott régészként dolgoztam ott, Trondheim városában, ami manapság nem olyan nagy, de a középkorban, amikor Norvégia a Sketland és Orkney szigeteket, Izlandot, Grönlandot és egy ideig Írországot is felölelő nagyhatalomnak számított, az ország fővárosa volt. Tehát nagyon gazdag város volt, így felásásakor sok leletet találtunk azokból az időkből. Nem tudtuk pontosan, miért van olyan sok lelet, de számos régi edény, valamint régi bőr- és fatárgy megmaradt. Nagyon sok olyan mindennapi eszközt találtunk, mint a kanál és a villa.

I was in Norway because I was working as an archaeologist, specializing in mediaeval archaeology, in the town of Trondheim, which is nowadays not that large, but was the capital of Norway in the Middle Ages, when Norway had a large empire, which included the Shetland and Orkney Isles, Ireland for a while, Iceland and Greenland. So it was a very rich town, and we dug it up, and there was a lot left from those times. We were not sure why there was a lot left, but a lot of old pots, and old leather and wooden articles survived. We found loads, especially things like forks and spoons, everyday objects.

Ráakadtunk sok igen izgalmas rúnabotra is. Az általunk kiásott dolgok nagy része ugyanis fából készült, és néhány nagyobb fadarabra rúnák voltak vésve. A rúnák a vikingek és a középkori norvégok által használt írásjelek. Az emberek gyakran mágikus jeleknek gondolják őket, és valóban lehetett ilyen szerepük is, de elsősorban az egyszerű írást szolgálták, mivel akkoriban még nem volt papír, csak sok-sok fa. A jelek egyenes vonalakból állnak, mert ha csak egy kés és egy darab fa áll a rendelkezésedre, ez a legkönnyebb módja a betűalkotásnak. Nyilvánvalóan így nem lehetett könyveket vagy hosszú szövegeket írni, de üzenetközvetítés céljából egy nagyon jó módszer volt. A tartalom gyakran meglehetősen köznapi volt, úgymint "Thorsson teremtett engem" vagy a 'Futhark' nevezetű ABC - mivel az első betűk az F-U-T-H-A-R-K betűk voltak. Az egyik fadarabra valami furcsa szöveg volt írva Jeruzsálemről, amit nem tudtunk kibogozni. Néhány iromány pedig egyszerűen rossz volt, úgy értem, hogy érthetetlen írás, vagy csak betűk voltak rajta, melyek nem igazán jelentettek semmit. És látod, ezeket a dolgokat mind a szemétben találtuk, pedig szerintünk lehetséges, hogy régen emberek tanultak ott valamilyen rúnaiskolában, ahol húszszor le kellett írni az ABC-t és ehhez hasonló dolgok.

We found a lot of rune-sticks, which was very exciting. What we were digging up was generally bits of wood, chips and chunks, and some of these lumps of wood had runes on them. Runes are a kind of writing which was used in Viking and mediaeval Norway. They are often thought to have been magical symbols, and in fact they may have also functioned in this way, but primarily they were used for simple writing, as they didn't have paper but had tons of wood. The symbols are made up of straight lines, because if you have a knife and a piece of wood, this is the easiest way to make letters. Obviously, you couldn't write books, or long texts, but it was a good system of conveying messages. The content was often quite mundane, things like "Thorsson made me" or the alphabet, which is called the "Futhark" as the first letters were F-U-T-H-A-R-K. There was one strange one with something about Jerusalem written on it, which we couldn't work out. Some of them were just wrong, I mean what was written on them was gibberish, just letters that didn't really mean anything. These were all found in the rubbish, you see, and we think that there may have been people learning there, in kind of runic schools, where people had to write the alphabet twenty times and things like that.

Volt néhány vödör víz nálunk, és amikor találtunk egy kis fadarabot, vagy bármi mást, lemostuk és ha volt rajta valami, alaposabban megszemléltük. Minden egyes általunk talált rúnát lejegyeztünk, s mivel nem modern norvég - hanem közép-norvég - nyelven íródtak, valakinek elő kellet vennie egy könyvet, mindenekelőtt kitalálni, hogy a rúnák melyik betűt jelölik, s aztán megfejteni a szöveg jelentését.

We had buckets of water, and when we found something, a little piece of wood or something like that, we washed it and took a close look to see if there was anything there. Any runes we found were written down, and as it wasn't in modern Norwegian - the runes were written in mediaeval Norwegian- someone had to get a book out, first of all to find out what letters the runes represented and then to find out what the text meant.

Sok olyan tárgyat találtunk, amit nem tudtunk azonosítani. Egyik nap egy jópofa dologra bukkantunk. Sonja, egy svéd hölgy, aki a sarokban ásott, hirtelen felkiáltott: "Hűha, ezt nézd meg!", és odahozta azt a valamit hozzám. Távolról kis fadarabnak látszott, de amikor már csak alig egy yardra volt tőlem, láthattam, hogy egy sakk-készlet királya. Nagyon érdekes volt. Nagy szerencse pont a királyt, és nem egy futót vagy egy gyalogot megtalálni. Még nagyobb szerencse, hogy egy darabban került ki a földből, és nem vágtuk le a fejét, amikor részekre osztottuk a területet, hogy egyszerre csak egy körzetet vizsgáljunk. Sonja ekkor vette észre, hogy a bábu feje kiáll a földből. Azt hiszem, valaki véletlen levágta az orrát, de a többi sértetlen maradt. Ez az értékes lelet mindennél jobban kárpótolt saját királyom oly sokszori elvesztéséért!

We found a lot of objects that we couldn't identify. We found a very nice thing one day. Sonja, a Swedish woman who had been digging in the corner, suddenly said, "Whooah, look at this", and carried this thing towards me. From a distance it looked just like a little piece of wood, but when it was about a yard away I could see that it was a little king from a chess set. It was really, really exciting. To find the king was nice, not a pawn or a bishop, for example. We were really lucky that it came out in a lump, and we didn't scrape his head off, as we were cutting sections of earth to examine one section at a time, and Sonja had spotted his head sticking up out of the ground. I think somebody had cut off his nose by mistake, but the rest of him was intact. The find more than made up for my losing my own king so many times!

1. Hol zajlott ez a történet?
2. Hová ment azelőtt néha Thomas és a barátnője?
3. Mit csináltak ott?
4. Általában ki nyerte meg esténként a sakkot?
5. Mit csinált Norvégiában?
6. Mi volt Trondheim azelőtt?
7. Miért volt ez jó hely az ásáshoz?
8. Mit találtak ott?
9. Milyen leletek voltak különösen izgalmasak?
10. Mik a rúnák?
11. Mire használták a rúnákat?
12. Miért részesítették előnyben a vikingek a fát a papírral szemben?
13. Milyenek a rúna szimbólumok?
14. Mi lehetett ennek az oka?
15. Mi a helyzet a leleteik tartalmával?
16. Hogy magyarázták meg, hogy néhány szöveg nem jelentett semmit?
17. Miért volt szükségük a néhány vödör vízre?
18. Milyen nyelven íródtak a rúnák?
19. Hogy sikerült kitalálniuk, mit jelentenek?
20. Ki találta meg a legérdekesebb leletet?
21. Minek látszott a távolból?
22. Mi derült ki, hogy mi ez?
23. Mi volt a szerencse ebben a leletben?
24. Teljesen sértetlen volt?
25. Mit érzett Thomas a lelettel kapcsolatban?

1. Where did this story take place?
2. Where did Thomas and his girlfriend use to go sometimes?
3. What did they use to do there?
4. Who would usually win at chess in the evening?
5. What was he doing in Norway?
6. What did Trondheim use to be?
7. Why was it a good place for digging?
8. What did they find there?
9. What finds were especially exciting?
10. What are runes?
11. What were runes used for?
12. Why did the Vikings prefer wood to paper?
13. What are the runic symbols like?
14. What could be the reason for that?
15. What about the content of their finds?
16. How did they explain that some of the texts did not mean anything?
17. What did they need buckets of water for?
18. What language were runes written in?
19. How did they manage to find out what they meant?
20. Who found the most interesting find?
21. What did it look like from a distance?
22. What did it turn out to be?
23. What was lucky about this find?
24. Was it absolutely intact?
25. What did Thomas feel about this find?

1. Gyakorlat

Thomas Norvégiában élt egy ideig. Ő és a barátnője Helga akkoriban néha elmentek a 2000 méter magasan fekvő hegyekben lévő családi házukhoz. Hátukon sílécekkel és egy hátizsákkal felmásztak a hegyekbe, egész nap síeltek, aztán visszajöttek, leültek a tűz mellé, és Helga papája rendszeresen megverte Thomas-t a sakkjátszmák során: egyszerűen csak bekerítette a királyát és Thomas vesztett...

Training 1

Thomas spent some time living in Norway. He and his girlfriend Helga used to go away sometimes to her family house, which was 2000 metres up in the mountains. They used to go up the mountains with a rucksack and skis on their backs, spend the day skiing, and then come back down, sit by the fire, and then Helga's Dad would beat Thomas at chess: he'd just trap his king and Thomas would lose...

2. Gyakorlat

Norvégiában volt, mert archeológusként dolgozott Trondheim városában. A középkorban, amikor Norvégia a Sketland és Orkney szigeteket, Izlandot, Grönlandot és egy ideig Írországot is magába foglaló nagyhatalomnak számított, az ország fővárosa volt. Tehát nagyon gazdag város volt. Felásásakor számos régi edény, valamint régi bőr- és fatárgyak kerültek elő azokból az időkből.

Training 2

He was in Norway because he was working as an archaeologist in Trondheim. It was the capital of Norway in the Middle Ages, when Norway had a large empire, which included the Shetland and Orkney Isles, Ireland, Iceland and Greenland. So it was a very rich town. They dug it up, and there were a lot of old pots, and old leather and wooden articles left from those times.

3. Gyakorlat

Ráakadtak sok igen érdekes rúnabotra is. A rúnák a vikingek és a középkori norvégok által használt írásjelek. Az emberek gyakran mágikus jeleknek gondolják őket, de elsősorban az egyszerű írást szolgálták, mivel akkoriban még nem volt papír, csak sok-sok fa. A jelek egyenes vonalakból állnak. Nyilvánvalóan nem lehetett könyveket írni, de üzenetközvetítés céljából egy nagyon jó módszer volt.

Training 3

They found a lot of rune-sticks. Runes are a kind of writing which was used in Viking and mediaeval Norway. They are often thought to have been magical symbols, but primarily they were used for simple writing, as they didn't have paper but had tons of wood. The symbols are made up of straight lines. Obviously, you couldn't write books, but it was a good system of conveying messages.

4. Gyakorlat

A tartalom gyakran meglehetősen köznapi volt, vagy csak az ABC. Néhány iromány pedig egyszerűen rossz vagy zagyvaság volt, csak betűk melyek nem igazán jelentettek semmit. És ezeket a dolgokat mind a szemétben találták, és úgy gondolták, hogy régen emberek tanultak ott valamilyen rúnaiskolában, ahol hússzor le kellett írni az ABC-t és ehhez hasonló dolgok.

Training 4

The content was often quite mundane or just the alphabet. Some of them were just wrong and gibberish, just letters that didn't really mean anything. These were all found in the rubbish, and they thought that there may have been people learning there, in kind of runic schools, where people had to write the alphabet twenty times and things like that.

5. Gyakorlat

Egyik nap jópofa dologra bukkantak. Egy sakk-készlet királya volt. Nagyon érdekes, hogy pont királyt, és nem egy futót vagy például egy gyalogot találtak. Igazán szerencsések voltak, hogy egy darabban került ki a földből, és nem vágták le a fejét. Valaki véletlen levágta az orrát, de a többi része sértetlen maradt. Ez az értékes lelet mindennél jobban kárpótolta Tomas-t saját királya oly sokszori elvesztéséért!

Training 5

They found a very nice thing one day. It was a little king from a chess set. It was really, really exciting to find the king, not a pawn or a bishop, for example. They were really lucky that it came out in a lump, and they didn't scrape his head off. Somebody had cut off his nose by mistake, but the rest of him was intact. The find more than made up for Tomas's losing his own king so many times!

SKÓCIAI KALANDOK

Tinédzserkoromban a haverjaimmal kempingezni mentünk egy Skócia nyugati partjainál levő, félreeső szigetre, Arranba. Komppal érkeztünk Broderickbe, és elmentünk táborhelyet keresni. Találtunk is egy nagyon jó kis tengerparti helyet, egy félszigetet egy golfpálya szomszédságában, ami alkalmasnak látszott sátraink felveréséhez. Tehát felütöttük sátrainkat, és, ha jól emlékszem, néhány órát a part átfésülésével és focizással töltöttünk, aztán sötétedéskor elhatároztuk, hogy megiszunk valamit a városban. Annak ellenére, hogy egyikünknél sem volt zseblámpa, úgy döntöttünk, hogy átvágunk a teljesen sötét golfpályán. Elindultunk valamerre a sötét pályán, amiről nem tudtuk, hogy néhány patakocska - árok kevés vízzel a fenekén - szeli át. Szóval, vidáman masíroztunk a kocsma felé, amikor pliccs!, placcs!, ploccs!, térdig a vízben találtuk magunkat, miután beleestünk valamelyik patakba. Aztán kikászálódtunk, és folytattuk utunkat.

When I was a teenager, my pals and I went off camping in Arran, which is an island off the west coast of Scotland. We arrived by ferry at Brodick, and went off looking for a place to camp. We found a very nice place along the sea front to put up our tents, which was a peninsula, next to a golf course. We pitched our tents there, and spent some time beach-combing and playing football, if I remember well, and then when it got dark we decided to go to the local town for a drink. We decided to take a short cut across the golf course, and it was completely black, and none of us had a torch. We set off anyway, across this completely dark golf course, which we didn't know had some burns - ditches with little streams at the bottom - running across it. So we were marching along merrily towards the pub, when splish!, splash!, splosh!, we found ourselves knee-deep in water after falling into one of the streams. We dragged ourselves out and continued onwards to the pub.

A kocsmában semmi különös nem volt, de azért megittunk néhány italt, s amikor a golfpályán való átkelés helyett az utat választva végre visszaértünk, nem találtuk sehol a sátrakat, sőt, még a félszigetet sem, ahol letáboroztunk. "Mi folyik itt? Mi történt? Hol vannak a sátraink?" - kérdezgettük magunktól. Kiderült, hogy a táborhelyünk a dagály megérkezése miatt félszigetből szigetté változott. Tehát a dagály elvágott minket a sátrainktól. Azon az estén másodszor lett vizes a lábunk, hiszen ahhoz, hogy eljussunk a sátrakhoz, fel kellett hajtani a nadrágunkat, levenni a cipőt és a zoknit, és át kellett gázolni a vízen.

The pub was nothing special, but we had a few drinks there, and when we finally got back, taking the road instead of returning across the golf course, we couldn't find the tents, or even the peninsula on which we'd camped. "What's going on? What's happened? Where are our tents?" we asked ourselves. It turned out that the area where we'd set up the tents wasn't really a peninsula at all, but that when the tide came in it became an island. So the tide had come in and cut us off from our tents. For the second time that evening we got wet feet, as to reach our tents we had to roll up our trousers, take off our shoes and socks and wade across to them.

Akkoriban Kelet-Skócia egyik meglehetősen szép területén, Elginben éltem, Moray kerületében, ami arról híres, hogy ott egyáltalán nincs vihar. Egész Britanniában ott van a legkevesebb. Valamint a hely jól ismert whiskey-jéről is, hiszen a whiskyfőző terület szívében helyezkedik el, és bőven termő árpaföldjei vannak. A közelben pedig tőzeggel és friss forrásvízzel teli dombok találhatók, amik a whiskykészítéshez kellenek. Az összes híres whisky, mint például a Glenfiddich és a Glengrant, onnan származik. Van ott egy bolt, aminek a neve Gordon Simpson's vagy valami ilyesmi, ahol palackozva sok fajta kapható, így a helyi termelők kb. 500 féle whiskyje is. Nagyon különlegeseket is árulnak, néhány közülük már 30 éves. Találtunk egy üveg whiskyt, mely a szomszédunkban található Longmorne kifőzdében készült. Bár közvetlen mellette laktunk, még sohasem kóstoltuk a termékét, így vettünk egy üveggel. Szörnyű volt. Olyan íze volt, mint a hígítónak!

At the time I was living in Elgin in the district of Moray, which is quite a nice area in the East of Scotland. It's famous for not having

40

any thunderstorms. It has the fewest thunderstorms of anywhere in Britain, and is also well known for its whisky, as it is in the heart of the whisky distilling area, and has much fertile land for growing barley, and nearby there are hills where there is peat and fresh spring water, which you need to make whisky. So all of the famous whiskies come from there like Glenfiddich and Glengrant, for example. There's a shop there where many of them are bottled, called Gordon Simpson's or something like that, and this shop sells about five hundred types of whisky, all from local producers. They have really special whiskies there, some thirty years old. In this shop we found a bottle which was produced at a distillery which I used to live next door to, called the Longmorne distillery, and even though we lived right next to this distillery we had never sampled its produce, so we bought a bottle. It was awful. It tasted like paint-stripper!

Másik alkalommal Iona szigetére mentem kempingezni. Azt hiszem, az északkeleti csücskében táboroztunk le. Iona nagyon különleges, történelmi jelentőséggel bíró sziget, mert itt élt és alapított kolostort Szent Kolumba, aki a kelta egyház formájában a kereszténységet Írországból Skóciába hozta. A történet szerint egy kis hajón elhagyta Írországot, kissé távolabb, délre megállt egy szigetnél, és le akart telepedni, ám észrevette, hogy onnan még mindig látják Írországot. Így továbbmentek Ionára, ahonnan már tényleg nem látszott hazájuk, és nem volt honvágyuk.

Another time I went camping was on the Isle of Iona. We camped in the north-west corner, I think. Iona is a very special island, which is historically important because Saint Columba lived there and founded a monastery there - he was the man who brought Christianity, in the form of the Celtic church, to Scotland, from Ireland. The story goes that he left on a very small boat from Ireland, and stopped on another island further south and wanted to settle there, but discovered that from this island they could still see Ireland, so they moved on to Iona, from which they couldn't see Ireland, so they wouldn't feel homesick.

A sziget nagyon szép, egy középkori kolostorral, egy szép, középkori templommal és az ősi szikladarabokkal, melyek a földrajzi rétegek mozgásának köszönhetően pompás, márványszerű, öreg kőzetekből állnak. Nagyon különös, varázslatos és páratlan atmoszférájú hely. A csodálatos partjait verdeső víz nagyon tiszta és kék, kis sziklamedencékkel. A sziklamedencék kis halakkal, rákokkal és tengeri csillagokkal vannak tele, és a tengerparton szanaszét hínárok és vízsodorta fák hevernek.

It's a very beautiful island, with the monastery, a very nice mediaeval church, and beautiful, very ancient rocks, which, due to the movement of the geographical strata, consist of lovely, pretty, marble-type old rocks. There is a very special, unique, magical atmosphere there. The water surrounding the coast is very clear and blue, and there are some wonderful clean beaches there, with little rock-pools dotted about with little fish, crabs, and starfish in them, and lots of seaweed and driftwood scattered along the shore.

Elképesztő az időjárás is, hiszen minden 15 vagy 20 percben más és más. Az egyik pillanatban csak úgy ömlik az eső, a másikban pedig már ragyogó, napos idő van.

The weather is amazing, as it changes every fifteen or twenty minutes, so it can be pouring down with rain one minute, and then bright and sunny the next.

Mindenesetre az észak-keleti csücsökben letáboroztunk, ahol egy gazda megengedte, hogy a földjén kempingezzünk, ami alapjában véve egy keskeny mező a strand mellett. A sok vízsodorta fával teli, kellemes, homokos strandon tüzet raktunk, körülültük, levest főztünk a gazda által kölcsönadott, öreg edényben, krumplit sütöttünk a tűzben, megittunk egy üveg whiskyt, fel-alá járkáltunk a parton különleges alakú fadarabokat gyűjtve, és néztük a naplementét a horizonton.

Anyway, we camped in the north-west corner where there is a farmer who lets you camp on his land, which is basically a strip of grass next to the beach. It's a lovely sandy beach with lots of driftwood, so we made a fire there and sat around it cooking soup in an old pot that he lent us and baking potatoes in the fire, drank a bottle of whisky, walked up and down collecting nicely shaped pieces of driftwood and watched the sun set on the horizon.

1. Joey és a cimborái hová mentek kempingezni?
2. Mi volt különleges abban a helyben, ahol felállították a sátrukat?
3. Hogy töltötték el a napot?
4. Mi volt a tervük az estére?
5. Miért határozták el, hogy keresztülmennek a golfpályán?
6. Milyen volt a golfpályának?
7. Mi történt, amikor keresztülmasíroztak rajta?
8. Elérték végül a pubot?
9. Milyen módon tértek vissza?
10. Mit láttak, amikor visszatértek?
11. Mi derült ki a területről, hogy micsoda?
12. Mit kellett tenniük, hogy elérjék a sátrakat?
13. Miről volt híres ez a kerület?
14. Miért olyan tökéletes a vidék a whisky lepárlásra?
15. Mit vásároltak a whiskyüzletben?
16. Milyen volt?
17. Mi volt a másik hely, ahová Skóciában kempingezni mentek?
18. Iona szigete történelmileg miért jelentős?
19. Szent Kolumbia miért itt telepedett le?
20. Mit találhatsz Iona szigetén?
21. Mi a helyzet a tengerrel, amely körülveszi?
22. Mi az, ami nagyon meglepő az ottani időjárással kapcsolatban?
23. Hol táboroztak?
24. Milyen volt a partnak az a része?
25. Mit csináltak ott?

1. Where did Joey and his pals go off camping?
2. What was special about the place where they put up their tents?
3. How did they spend the day?
4. What were their plans for the evening?
5. Why did they decide to go across the golf course?
6. What did the course have?
7. What happened when they were marching across it?
8. Did they reach the pub after all?
9. Which way did they get back?
10. What did they see when they got back?
11. What did the area turn out to be?
12. What did they have to do to reach the tents?
13. What was that district famous for?
14. Why is the region so perfect for distilling whisky?
15. What did they buy in a specialised whisky shop?
16. What was it like?
17. What was another place he went camping in Scotland?
18. Why is the Isle of Iona so historically prominent?
19. Why did Saint Columba settle on it?
20. What can you find on the Isle of Iona?
21. What about the sea surrounding it?
22. What is really amazing about the weather there?
23. Where did they camp?
24. What was that part of beach like?
25. What did they do there?

1. Gyakorlat

Joey és a cimborája kempingezni mentek egy Skócia nyugati partjainál levő, félreeső szigetre. Komppal érkeztek. Aztán találtak egy nagyon jó kis tengerparti helyet, egy félszigetet. Amikor sötétedni kezdett, betértek egy kocsmába. Rövidítésként átvágtak egy golfpályán, amelyet néhány patakocska szelt át. Így masíroztak, amikor beleestek az egyik patakba. Aztán kikászálódtak, és folytatták az utukat a kocsma felé.

Training 1

Joey and his pals went off camping in an island off the west coast of Scotland. They arrived by ferry. Then they found a nice place along the sea-front, which was a peninsula. When it got dark, they went to a pub. They took a short cut across the golf course, which had some little streams. So they were marching along, when they fell into one of the streams. They dragged themselves out and continued onwards to the pub.

2. Gyakorlat

Amikor végre visszaértek, nem találták sehol a sátrakat, sőt, még a félszigetet sem, ahol letáboroztak. Kiderült, hogy a táborhelyük a dagály megérkezése miatt félszigetből szigetté változott. Tehát a dagály elvágta őket a sátraiktól. Azon az estén másodszor lett vizes a lábuk. Hiszen ahhoz, hogy eljussanak a sátrakhoz, fel kellett hajtaniuk a nadrágjukat, levenni a cipőjüket és a zoknijukat, és át kellett gázolniuk a vízen.

Training 2

When they finally got back they couldn't find the tents, or even the peninsula on which they'd camped. It turned out that the area where they'd set up the tents wasn't really a peninsula at all, and when the tide came in it became an island. So the tide had cut them off from their tents. For the second time that evening they got wet feet, as they had to roll up their trousers, take off their shoes and socks and wade across to the tents.

3. Gyakorlat

Akkoriban Elginben élt, Moray kerületében, ami a whiskyfőző terület szívében helyezkedik el. És bőven termő árpaföldjei vannak, és a közelben pedig tőzeggel és friss forrásvízzel teli dombok találhatók, ami a whiskykészítéshez kell. Az összes híres whisky, mint például a Glenfiddich és a Glengrant, onnan származik.

Training 3

At the time he was living in Elgin in the district of Moray, which is in the heart of the whisky distilling area. It has much fertile land for growing barley, and nearby there are hills where there is peat and fresh spring water, which you need to make whisky. So all of the famous whiskies come from there, like Glenfiddich and Glengrant, for example.

4. Gyakorlat

Másik alkalommal Joey Iona szigetére ment kempingezni. Szent Kolumba, aki a kereszténységet Írországból Skóciába hozta, ott alapított kolostort. Nagyon szép sziget a kolostorral, egy szép középkori templommal és a nagyon ősi szikladarabokkal. Csodálatos tiszta partok vannak ott, sziklatavakkal, melyek kis halakkal, rákokkal és tengeri csillagokkal vannak tele.

Training 4

Another time Joey went camping was on the Isle of Iona. Saint Columba, who brought Christianity to Scotland, founded a monastery there. It's a very beautiful island, with the monastery, a very nice mediaeval church, and very ancient rocks. And there are some wonderful clean beaches there, with little rock-pools dotted about with little fish, crabs, and starfish in them.

5. Gyakorlat

Az észak-keleti csücsökben táboroztak le, ahol egy gazda megengedi, hogy a földjén kempingezzenek egy keskeny mezőn a strand mellett. A sok vízsodorta fával teli, kellemes, homokos strandon tüzet raktak, körülülték, levest főztek a gazda által kölcsönadott, öreg edényben, krumplit sütöttek a tűzben, megittak egy üveg whiskyt, fel-alá járkáltak a parton különleges alakú fadarabokat gyűjtve, és nézték a naplementét a horizonton.

Training 5

They camped in the north-west corner where there is a farmer who lets you camp on a strip of grass next to the beach. It's a lovely sandy beach with lots of driftwood, so they made a fire there and sat around it cooking soup in an old pot that the farmer lent them and baking potatoes in the fire, drank a bottle of whisky, walked up and down collecting nicely shaped pieces of driftwood and watched the sun set on the horizon.

SZEREPJÁTÉKOK

Elsőként az iskolában kerültem kapcsolatba a fantasy szerepjátékkal. Azonnal magával ragadott, és a játékhoz szükséges könyvek és eszközök vásárlásába kezdtem. Kezdetben asztalnál játszottuk úgy, hogy volt egy mesélő, a többiek pedig a történetben szereplő személyek voltak. Ők valóban a történet alakjai, akik a mesélőnek kifejtett tetteikkel megváltoztathatják a sztori kimenetelét. A mesélő pedig elmondja, mi történik, és amilyen jól csak tudja, leírja, mit láthatnak és mit élhetnek át a játék világában. Tehát minden játékos kapcsolatban áll a történettel, egymással és a mesélő által leírt karakterrel is. A játékosok általában a "jófiúk" szerepét alakítják, de nem mindig. Mindenkinek szüksége van egy papíron karakterének leírására, amiben szerepel, hogy milyen erős, mennyire intelligens, mennyire okos, milyen gyorsan tud futni, meg ilyesmik.

My first contact with fantasy role-playing games was in school. I immediately got deeply involved in them, and started to buy books and materials for playing them. I started off by playing around a table, with one person acting as a storyteller, and the others playing characters in the story. They are really in the story, in that they can change the outcome of the story by their actions, which they explain to the storyteller, who in turn tells them what happens, as well as describing to them what they can see and experience in the game's world. So all the players interact within the story with each other and other characters in the story who the storyteller describes. Usually the players act the part of the "good guys", but not always. All the players need is a piece of paper with a description of their character on it, how strong he or she is, how intelligent, how wise, how fast at running, and things like that.

Egy évvel később hallottam hasonló játékok létezéséről, amiket viszont a szabadban - erdőben, régi kastélyokban és hasonlóan hangulatos helyeken - játszanak. A résztvevők papír használata nélkül játsszák el karakterüket, jelmezeket és olyan - persze nem igazi - felszereléseket és fegyvereket viselve, amikre a játék során szükségük lehet. Egy bizonyos időre - ami lehet néhány óra, vagy akár néhány nap is - a szerepedben maradsz, és egész idő alatt el kell játszani a karaktered. Ez olyan, mint egy másik korban, vagy egy másik világban élni.

A year later, I heard about the existence of similar games which are played outside, in the woods, in old castles, and in other similarly atmospheric places. No papers are used, but instead the participants play the part of their characters, wearing costumes and carrying pieces of equipment and weapons - not real ones!- that they might need. You stay in your role for a period of time, anything between a few hours and a few days, and for all of that time you act out your character. It's like living in another age or another world.

Az általad játszott karakter természete függ a környezettől és a történettől, de rendszerint sokkal jobb, ha saját személyiségedtől és tulajdonságaidtól eltérő alakot játszol. Egy jellegzetes fantázia-világban lehetsz lovag, tolvaj, varázsló, tündér, vagy akár szörny is. Ha a forgatókönyv esetleg gyerektörténet, eljátszhatod az Alice Csodaországban egyik szereplőjét. Sokféle témát feldolgozunk, mint például a világűr, történetek Tolkien világából vagy más történelmi korokból.

The type of characters you can play depends on the setting and the story, but generally, within that, it's nice to be a character with a different personality and different attributes to those you have in real life. You might be a knight, a thief, a magician, an elf, even a monster, in a typical fantasy world. Or if the scenario is a children's story, you might play one of the characters from Alice in Wonderland. We use many themes, such as space, stories from Tolkien's world, or various periods in history.

Múlt évben egy nagyon szép wales-i kastélyt használtunk fel helyszínként egy Olaszországban játszódó reneszánszkori történethez. A játékra való felkészülés céljából mindannyiunknak tanulmányozni kellett egy kicsit azt a történelmi korszakot. Néhányan az akkori hadsereg tagjait játszották, mások

50

politikusokat, és felállítottuk a különleges történelmi időszaknak megfelelő állapotot, de természetesen a kimenetel nem volt biztos. Végigjátszottuk a történelmet attól az időponttól, de a befejezés, a vég teljesen eltért attól, ami valójában történt. Emlékszem, hogy egy színházból kölcsönzött történelmi kosztümben egy arab orvost játszottam. A játék nagy részét megbeszéltük, így nem sok harc volt benne. Azt hiszem, az egyetlen harcoló személy egy svájci harcost játszott. A legtöbben arisztokraták, hercegek, királyi személyek vagy politikusok voltak. A játék mesélője, hogy feldobja és még drámaibbá tegye a történetet, egy kis mágiát is csempészett bele. Így a játékban egy szeánszt tartottunk, mert abban a korban tényleg nagy divat volt szeánszokat tartani. Remek szórakozás volt, és igazán érdekes volt, hogy megpróbáltuk a játékot minden szempontból olyan hitelessé tenni, amennyire csak lehetett, beleértve azt is, amit ettünk, és ahogy beszélgettünk!

Last year we used as a setting a very nice castle in Wales, and the story was from the Renaissance times in Italy, so we all had to learn a bit about that period of history in order to prepare for the game. Some people played members of the military or politicians from that time, and we set up the same situation as was at a particular historical date, but, of course, the outcome was not fixed. We just played out history from that point on, but the ending, the conclusion, was completely different to how things happened in real life. I remember I played an Arabian doctor of medicine, with a nice historical costume which was borrowed from a theatre. Most of the game was played by talking - there wasn't so much fighting in that game. I think there was only one fighting person, who played a warrior from Switzerland. Most people played aristocrats, Dukes or royalty, or politicians. The storyteller of that game brought a little magic into the story, to spice it up a bit, and make it more dramatic. So we had a seance in the game - it was actually quite fashionable to have seances in those times. That game was great fun, and it was really interesting to try to make every aspect of the game as authentic as possible, including what we ate and the way we talked.

Néhány alkalommal én játszottam a mesélőt, gyakran egy vagy két másik személlyel együtt. Tehát kitaláltuk a történetet, meghatározva a környezetet és a cselekményt is. Pár játékosnak, a történet menetének megfelelően szörnyeket vagy más alakokat játszva, bemutattuk a sztorit, ők segítettek nekünk elkészíteni a környezetet, míg a többi játékosnak, akik nem ismerték a történetet, a többiekkel együttműködve ki kellett találni, mi történik.

In some games I played the part of the storyteller, often in conjunction with one or two others. So we made up the story, decided on the setting and the plot. We would introduce the story to some players, who helped us to make the setting, playing monsters or characters with a fixed role according to the storyline, whereas the other players wouldn't know the story, and had to find out what was happening, by interacting with the other characters.

Az egyik általunk alkotott kalandban a szereplők mind varázslók és bűvészek voltak azzal a céllal, hogy felépítenek egy erőtornyot. A helyszín egy arab atmoszférájú, képzeletbeli ország volt, és a résztvevők mind arab jelmezeket viseltek: bő ruhákat, álarcokat, turbánt, meg ilyesmik.

In one adventure we created, the characters were all magicians and sorcerers, and their objective was to build up a tower, a tower of power. The setting was an imaginary country with a kind of Arabian atmosphere, and the participants were all dressed in Arabian costumes, with loose clothes, masks, turbans, and things like that.

Sok történetünk játszódik egy különféle tájakat magában foglaló fantáziavilág különböző országaiban. Tehát van egy ország, ami olyan, mint a középkori Németország, egy másik Izlandhoz hasonlít, van néhány forró, sivatagos ország, és így tovább. Ez a történet az épület megépítéséről és a tornyot elpusztítani akaró sötét erők elleni harcról szólt. Kalandjaimba szeretek tanulságot beleírni, és ez ebben a történetben az volt, hogy mindenféle varázslat sötét eredetű. Nem minden varázsló ismerte ezt fel elsőre, így folytatták az építkezést és az erőgyűjtést, de végül rá kellett jönniük, hogy erejük csak a sötét erő egy része, s hogy az ilyen fajta varázslat használata túl veszélyes és irányíthatatlan. Az egyikük tudta, hogy a varázslat nem jó eredetű, és hogy a torony alatt a sötét erők gyűlnek, amik elszabadulnak majd, ha túl sok összegyűlt belőlük. A többiek viszont nem hittek neki, és mindezt figyelmen kívül hagyva folytatták a munkát, mert túlságosan is el voltak merülve a varázslataikat motiváló pénzben és politikában, így nem tudtak felhagyni vele. Két nap elteltével a sötét erők már láthatóvá váltak, így kúszó-mászó szörnyeket és ördögi teremtményeket játszó embereket küldtünk a helyszínre. A történet rossz véget ért, mert a torony alatt lévő erők életre keltek, mindenkinek menekülnie kellett, s néhányan meg is haltak. Egy ilyen történetben lehetséges, hogy meghal a karaktered. Néhány szereplő karaktere tanult a körülöttük végbement eseményekből, de ez nem olyan volt, mint a könyvből tanulás, hanem egyszerűen csak megérezték a tanulságot. Ha eljátszol egy karaktert, tényleg olyanná válsz gondolatban, mint ő, és érzed a tetteid súlyát. Ez a te kalandod.

Many of our stories are set in different countries of one fantasy world, which is a conglomerate of many different environments. So we have one country which is like Germany in the Middle Ages, a country like Iceland, some hot, desert countries, and things like that. This story was involved with making the building, and fighting against dark powers who wanted to destroy the tower. When I write adventures, I like to put a moral into the story, and this time it was that the source of the magic is a dark source. Not all the magicians recognized this at first, and went on building and gaining power, but in the end they had to recognize that their power was only a part of a dark power, to recognize that to make magic of this kind is too dangerous and uncontrollable. One sorcerer knew that the source of the magic wasn't good, and that there was a dark power underneath the tower which would wake up when there was too much magic in it, but the others didn't believe him, and went on regardless, because they were too lost in the money and politics which was motivating their magic, so they couldn't stop it. After about two days, the dark power became more visible, so we sent people playing monsters and evil creatures creeping around, and in the end the story didn't end well, because the power beneath the tower awoke, and all of the characters had to try to escape, and some died. In such a story it is possible for your character to die. Some people's characters learnt from the events that were taking place around them, but it wasn't like learning from a book, they just started to feel the moral. When you're playing a character, you really become him or her, and you feel the consequences of your actions. It's your adventure.

1. Mikor merült bele Nick a szerepjátékokba?
2. Mit kezdett el vásárolni?
3. Mit tehetnek a szereplők az asztal körüli szerepjátékban?
4. Mit csinál ott a történetmesélő?
5. Mire van szükségük a játékosoknak, hogy eljátsszák a szerepüket?
6. Mikor hallott Nick a szabadtéri játékokról?
7. Hol játszották őket?
8. Mire van a résztvevőknek szükségük, hogy eljátsszák a karakterüket?
9. Mennyi ideig tarthat egy ilyen játék?
10. Milyen egy ilyen játékot játszani?
11. Milyen szereplőket játszhatsz el egy tipikus fantáziavilágban?
12. Milyen témákat használnak?
13. Milyen díszletet használtak tavaly?
14. Milyen volt a történet?
15. Mit kellett tenniük a résztvevőknek, hogy felkészüljenek a játékra?
16. Kit játszottak?
17. Mi különbözött a történelmi helyzettől?
18. Kit játszott Nick?
19. Mit hozott be a történetmesélő a történetbe?
20. Miért volt a játék olyan mókás?
21. Mit kellett Nick-nek tennie, amikor a mesélőt játszotta?
22. Miről szólt az egyik kaland, amelyet ő teremtett?
23. Mi volt annak a történetnek a helyszíne?
24. Mi volt a tanulsága annak a kalandnak?
25. Mi a különbség, a könyvből való és a szerepjátékból való tanulás között?

1. When did Nick get involved in fantasy games?
2. What did he start buying?
3. What can characters do in a fantasy game around a table?
4. What does the storyteller do there?
5. What do players need to act their characters?
6. When did Nick hear of the outside games?
7. Where are they played?
8. What do participants need to act their characters?
9. How long can such a game last?
10. What is it like playing such a game?
11. What kind of characters can you play in a typical fantasy world?
12. What kind of themes do they use?
13. What did they use as a setting last year?
14. What was the story like?
15. What did the participants have to do to prepare for the game?
16. Who did they play?
17. What was different from the historical situation?
18. Who did Nick play?
19. What did the storyteller bring into the story?
20. Why was that game such great fun?
21. What did Nick have to do when he played the storyteller?
22. What was one adventure he created about?
23. What was the setting for that story?
24. What was the moral of that adventure?
25. What is the difference between learning from a book and learning from a fantasy game?

1. Gyakorlat

Nick elsőként az iskolában került kapcsolatba a fantázia szerepjátékkal. Azonnal magával ragadta. Kezdetben asztalnál játszották úgy, hogy volt egy mesélő, a többiek pedig a történetben szereplő személyek voltak. Ők a tetteikkel megváltoztathatják a sztori kimenetelét. Így az összes játékos hatással van a történetre.

Training 1

Nick's first contact with fantasy role-playing games was in school. He immediately got deeply involved in them. He started off by playing around a table, with one person acting as a storyteller, and the others playing characters in the story. They can change the outcome of the story by their actions. So all the players interact within the story.

2. Gyakorlat

Aztán Nick hallott hasonló játékok létezéséről, amiket olyan légkörű helyeken játszanak. A résztvevők eljátsszák a karakterüket, jelmezeket, felszereléseket és fegyvereket viselve, amikre a játék során szükségük lehet. Egy bizonyos időre a szerepedben maradsz, és egész idő alatt el kell játszani a karaktered. Ez olyan, mintha egy másik korban, vagy egy másik világban élnél.

Training 2

Then Nick heard about similar games which are played in some atmospheric places. The participants play the part of their characters, wearing costumes and carrying pieces of equipment and weapons that they might need. You stay in your role for a period of time, and for all of that time you act out your character. It's like living in another age or another world.

3. Gyakorlat

A karakterek fajtája függ a környezettől és a történettől. Lehetsz lovag, tolvaj, varázsló, törpe, vagy akár szörny vagy Alice Csodaországból az egyik szereplő. Sokféle témát feldolgoznak, mint például a világűr, történetek Tolkien világából vagy más történelmi korok. Ha eljátszol egy karaktert, tényleg olyanná válsz gondolatban, mint ő, és érzed a tetteid súlyát.

Training 3

The type of characters depends on the setting and the story. You might be a knight, a thief, a magician, an elf, a monster, or a character from Alice in Wonderland. They use many themes, such as space, stories from Tolkien's world, or various periods in history. When you're playing a character, you really become him or her, and you feel the consequences of your actions.

4. Gyakorlat

Múlt évben egy wales-i kastélyt használtak fel helyszínként egy reneszánszkori történethez. Néhányan az akkori hadsereg tagjait játszották, mások politikusokat, és a történelmi helyzetnek megfelelő állapotot állították fel, de a kimenetel nem volt biztos. A játék mesélője, hogy feldobja a történetet, egy kis mágiát is csempészett bele. Igazán érdekes volt, megpróbálni a játékot minden szempontból annyira hitelessé tenni, amennyire csak lehetett, beleértve azt is, amit ettek, és ahogy beszélgettek!

Training 4

Last year they used as a setting a castle in Wales and the story was from the Renaissance times. Some people played members of the military or politicians from that time, and they set up the historical situation, but the outcome was not fixed. The storyteller of that game brought a little magic into the story, to spice it up a bit. It was really interesting to try to make every aspect of the game as authentic as possible, including what they ate and the way they talked.

5. Gyakorlat

Amikor Nick kalandot ír, szeret a történetbe tanulságot tenni. Egyszer az összes szereplő varázsló volt, és az volt a céljuk, hogy felépítsenek egy erőtornyot. És a tanulság az volt, hogy mindenféle varázslat sötét eredetű. Végül nem végződött jól a történet, mert felébredtek a sötét erők, és néhány szereplő meghalt. Tanulhattál a végbement eseményekből, de ez nem olyan volt, mint a könyvből tanulás, hanem egyszerűen csak megérezték a tanulságot.

Training 5

When Nick writes adventures, he likes to put a moral into the story. Once the characters were all magicians and their objective was to build up a tower of power. And the moral was that the source of the magic is a dark source. In the end the story didn't end well, because the dark power awoke, and some characters died. You could learn from those events, but it wasn't like learning from a book, they just started to feel the moral.

ÁT A TÜNDÉREK DOMBJAIN

Visszaidézem tizenéves koromnak azt az idejét, amikor a hegyek között sétálhattam, azok keleti részén, amely belefut Írország keleti partjaiban egy helyen Down megyében, amelyet Newcastle-nek hívnak. Nem azért járkáltam ott, hogy eljussak valahová, hanem azért, mert örültem, hogy a hegyek között sétálhatok, mivel szerettem egyedül lenni. Sok varázslatos hely van arrafelé, és mindegyiknek különös és gyönyörű neve van, a szikláknak, a szirteknek és a hegyeknek. Gyönyörű hely volt ez. Négy napos puszta sétálgatás után a dombok között kitisztult a fejem, és én magam is. És amikor visszatértem az úgynevezett „civilizált" világba, az már nem is tűnt olyan civilizáltnak többé, hanem ehelyett nagyon sötétnek és piszkosnak találtam.

I recall a time in my teenage years when I was walking in the mountains, the eastern edge of which roll down into the east coast of Ireland to a place called Newcastle, in County Down. I wasn't walking to get somewhere, I was just walking for the sake of walking through the mountains for four days, because I enjoyed being alone. There were many very magical places, and they all had strange and beautiful names, the cliffs and mountains and rocks. It was a very beautiful place. After four days of just walking in the hills, I felt very clear headed, very cleansed, and when I returned to the so-called "civilized" world it didn't seem so civilized any more, but very dark and dirty instead.

Mindenesetre, amikor ott sétálgattam, rátaláltam egy olyan ösvényre, amely nem volt a térképen. De ennek az ösvénynek az iránya, úgy tűnt, rövidebb utat biztosít arrafelé, amerre el akartam jutni. Úgy döntöttem, hogy rátérek erre az ösvényre, és ott is mentem, mintegy 15 percig, azt hiszem. Majd az ösvény véget ért, és egy úton találtam magam. Ez az út nem az a pont volt, ahová azt gondoltam, hogy eljutok majd. Ellenkezőleg, egészen távol volt onnan, ahonnan lennem kellett volna. Ezért megnéztem a térképet, és körbenéztem az engem körülvevő hegyeken. Megnéztem az összes jelet és körvonalat, majd kitaláltam, hol is vagyok.

Anyway, as I was walking along, I came to a path which wasn't on the map, but the direction of this path indicated that it seemed to be a more direct route to where I wanted to get to. So I decided I would take the path, and I walked along it for about fifteen minutes, I suppose, and the path came to an end and I found myself on a road. This road was not where I thought I was going to end up. It was, actually, very far away from where I expected to be, so I looked at the map, and I looked at all of the mountains around. I looked at all of the features and the contours, and found out where I was.

Azt találtam, hogy 3 mérföldre vagyok onnét, ahonnét 15 perce voltam. Ez természetesen lehetetlen volt, nem történhetett meg. Ezért úgy döntöttem, hogy megfogalmazok néhány elméletet, amelyek megmagyarázzák, hogy miképpen történhetett ez meg. Lehet, hogy elromlott az órám és ez nem 15 perc volt, de annyi volt. Úgy is éreztem, mint 15 percet. Lehet, hogy rossz volt a térkép. Csakhogy ez egy Ordnance Survey térkép volt. A katonai térképek azonban általában nem tévesek, valójában hihetetlenül pontosak. Mivel légifelvételek alapján készülnek.

I found out that I was three miles from where I had been fifteen minutes ago. Obviously, this was an impossible thing to have happened. So I decided to formulate some theories as to how this could have happened. Maybe my watch was wrong, and it wasn't really fifteen minutes. But it was. It felt like fifteen minutes. Maybe the map was wrong. But it was an Ordnance Survey map. Ordnance Survey maps are not usually that wrong - in fact, they're normally incredibly accurate, as they're taken from aerial photographs.

Aztán végül arra a lehetőségre jutottam, hogy talán egy fekete lyuk időcsapdájába kerültem, ami valójában hihetetlen dolog, mivel a fekete lyukak az űrben fordulnak elő, amennyire én tudtam. Aztán végiggondoltam azt a területet, amelyen találtam magam. Ez egy igen elhagyatott, embertől érintetlen vidék volt. És rengeteg olyasmi volt ott, amit az emberek józanésszel a tündérnép legendájának tartanak. Az elfek és egyéb varázslatos teremtmények legendáinak, amelyek igen előkelő helyen szerepelnek az ír kultúrában. Valamennyi ír mitológiai hős egyik szülője egy tündéri, a másik pedig egy emberi lény volt. Akár királyok is lehettek közöttük. Ezen kívül a tündér dombok, a magányos dombok, ahol a tündéri nép él, közismertek a helyi mesékben. Olyan helyek ezek, ahová az emberi lények nem juthatnak el.

So I then came up with the possibility that I'd stepped through a black hole in time, which isn't really feasible, because black holes only happen in space, as far as I'm aware. I then thought about the area I was in. It was very desolate region, very untouched by mankind, and there are lots of what logical people call "legends" about faerie (sometimes spelled "fairy") folk, elves and other magical beings, which are very prominent in Irish culture. All of the best Irish mythological heroes are a product of one faerie folk parent and one human parent, often a king of some sort. Also, faerie mounds, lonely hills where the faerie folk live, are common in the local stories, places where humans are somehow unable to visit.

Ezért feltettem a kérdést, hogy ez egy tündérdomb lehetett-e ennek az ösvénynek a közepén, vagy talán egy csomóan közülük, vagy éppen egy egész város, ahol egy puszta halandó, mint én magam, nem sétálhat át. Így hát, amikor egy negyed mérföldet sétáltam lefelé az ösvényen, a következő két mérföldet már a csoda erejével tettem meg az ösvény további részén. Így hát nem is voltam tudatában annak, hogy egy tündérdombon sétáltam keresztül.

So I wondered if there had been a faerie mound in the middle of this path - or maybe a cluster of them or maybe a whole city, which a mere mortal like myself was not allowed to walk past. So as I walked down the path a quarter of a mile, maybe I was moved by magic over two miles further on, to the last part of the path, so I wouldn't be conscious of walking past the faerie mound.

Sok különféle okot hozhatsz fel arra, hogy megmagyarázd az én különös utazásomat, de ez az én kedvencem és ragaszkodom hozzá.

There are several reasons you could come up with to explain my strange journey, but that one's my favourite, and I think I'll stick with it!

1. Hol sétált?
2. Miért sétált?
3. Meddig tartott az utazása?
4. Milyen volt a táj?
5. Mit érzett a négy napos séta után?
6. Mit talált?
7. Miért határozta el, hogy megteszi azt az utat?
8. Meddig sétált rajta?
9. Hol találta magát, amikor véget ért az út?
10. Azt várta, hogy oda jut el?
11. Hogy találta ki, hogy hol van?
12. Milyen messze volt attól az út, ahol tizenöt perce volt?
13. Mi volt különös abban a kis sétában?
14. Miért kezdett el különféle elméleteken tűnődni?
15. Mi volt az első elmélete?
16. Miért volt benne biztos, hogy az órája nem rossz?
17. Mi lehetett egy másik ésszerű magyarázat?
18. Miért volt valószínűtlen, hogy rossz a térkép?
19. Miért nem vette komolyan a fekete lyuk elméletét?
20. Milyen volt az a hely, ahová került?
21. Kik élnek az ilyen vidékeken a legendák szerint?
22. Mik a tündérdombok?
23. Mi volt a végső elmélete?
24. Akkor hogy sikerült eljutnia olyan gyorsan arra az útra?
25. Melyik teória a kedvence?

1. Where was he walking?
2. What was he walking for?
3. How long was his jouney?
4. What was the landscape like?
5. What did he feel like after walking for four days?
6. What did he find?
7. Why did he decide to take that path?
8. How long did he walk along it?
9. Where did he find himself when the path came to an end?
10. Did he expect to get there?
11. How did he find out where he was?
12. How far was that road from where he had been 15 minutes before?
13. What was strange about that little walk?
14. Why did he start speculating on different theories?
15. What was his first theory?
16. Why was he sure that his watch wasn't wrong?
17. What could be another reasonable explanation?
18. Why was it hardly possible that the map was wrong?
19. Why didn't he consider seriously the black hole theory?
20. What was the place he was in like?
21. Who lives in such regions according to the legends?
22. What are faerie mounds?
23. What was his final theory?
24. How did he manage to get to that road so fast then?
25. Which theory is his favourite one?

1. Gyakorlat
A hegyek között sétált, azok keleti részén, amely belefut Newcastle-be. Nem azért járkált ott, hogy eljusson valahová, hanem azért, mert örült, hogy a hegyek között sétálhat, mivel szeretett egyedül lenni. Sok varázslatos hely van arrafelé, és mindegyiknek különös és gyönyörű neve van, a szirteknek, a hegyeknek és a szikláknak. Gyönyörű hely volt ez.

Training 1
He was walking in the mountains, the eastern edge of which roll down to Newcastle. He wasn't walking to get somewhere, he was just walking for the sake of walking through the mountains, because he enjoyed being alone. There were many magical places, and they all had strange and beautiful names, the cliffs and mountains and rocks. It was a very beautiful place.

2. Gyakorlat
Amint ott sétálgatott, rátalált egy olyan ösvényre, amely nem volt a térképen, de egy sokkal rövidebb útvonalnak tűnt. Úgy döntött, hogy rátér erre az ösvényre. És ott is ment, mintegy 15 percig. Majd az ösvény véget ért, és egy úton találta magát. Ez az út egészen távol volt onnan, ahonnan lennie kellett volna. Ezért megnézte a térképet, és körbenézett az őt körülvevő hegyeken. Megnézte az összes jelet és körvonalat, majd kitalálta, hol is van.

Training 2
As he was walking along, he came to a path which wasn't on the map, but it seemed to be a more direct route. So he decided he would take the path. He walked along it for about fifteen minutes, and the path came to an end and he found himself on a road. This road was very far away from where he expected to be, so he looked at the map, the mountains around, the features and the contours, and found out where he was.

3. Gyakorlat

Kitalálta, hogy 3 mérföldre van onnét, ahonnét 15 perce volt. Ez természetesen lehetetlen volt, nem történhetett meg. Azt gondolta, talán elromlott az órája és ez nem 15 perc volt, de úgy is érezte, mint 15 percet. Lehet, hogy rossz volt a térkép. Csakhogy az egy Ordnance Survey térkép volt, amik általában hihetetlenül pontosak, mivel légifelvételek alapján készülnek.

Training 3

He found out that he was three miles from where he had been fifteen minutes ago. Obviously, this was an impossible thing to have happened. He thought that maybe his watch was wrong, and it wasn't really fifteen minutes. But it felt like fifteen minutes. Then maybe the map was wrong. But it was an Ordnance Survey map and they're normally incredibly accurate, as they're taken from aerial photographs.

4. Gyakorlat

Ez egy igen elhagyatott vidék volt, embertől érintetlen. És rengeteg olyasmi van ott, amit az emberek a tündérnép legendájának tartanak. A törpék és egyéb varázslatos teremtmények legendáinak, amelyek igen előkelő helyen szerepelnek az ír kultúrában. Ezen kívül a tündérdombok, a magányos dombok, ahol a tündéri nép él, közismertek a helyi mesékben. Olyan helyek ezek, ahová az emberi lények valamiképpen nem juthatnak el.

Training 4

It was very desolate region, very untouched by mankind. And there are lots of "legends" about faerie folk, elves and other magical beings, which are very prominent in Irish culture. Also, faerie mounds, lonely hills where the faerie folk live, are common in the local stories. Fairie mounds are places where humans are somehow unable to visit.

5. Gyakorlat

Ezért feltette a kérdést, hogy ez egy tündérdomb lehetett-e ennek az ösvénynek a közepén, ahol egy puszta halandó nem juthatott át. Így hát, amikor egy negyed mérföldet sétált lefelé az ösvényen, a következő két mérföldet már a csoda erejével tette meg az ösvény további részét. Így hát nem is volt tudatában annak, hogy egy tündérdombon sétált keresztül. Sok különféle okot hozhatsz fel arra, hogy megmagyarázd ezt a különös utazását, de ez az ő kedvence.űen csak megérezték a tanulságot.

Training 5

So he wondered if there had been a faerie mound in the middle of this path, which a mere mortal was not allowed to walk past. So as he walked down the path a quarter of a mile, maybe he was moved by magic over two miles further on, to the last part of the path, so he wouldn't be conscious of walking past the faerie mound. There are several reasons you could come up with to explain his strange journey, but that one's his favourite!

A TAIZE-I KOLOSTOR

Taize egy kis dél-franciaországi falu Lyon közelében. A II. világháború alatt egy Roger Schutz nevű férfi a német csapatok által megszállt észak-franciai területekről odamenekült, és segített elbújtatni más, szintén az invázió elől menekülő embereket. A protestáns egyház lelkipásztoraként mindig is egy csendes és nyugodt hely létrehozásáról álmodozott, ahová az emberek csak imádkozni mennek és egy kis időt békében eltölteni. Letelepedett, és az évek folyamán lassan különféle keresztény felekezetekből érkezet emberek csatlakoztak hozzá. Egyre nagyobb számban éltek és dolgoztak ott, javaikat a földeken termelték meg és valamennyien egyfajta szerzetesi életet éltek, de nem olyan szigorú szabályok szerint. Aztán rendszeresen érkeztek látogatók, akik valahol hallottak a kolostorról, és egy idő múlva néhány bentlakó azzal töltötte az idejét, hogy körbevezette a látogatókat, és gondoskodott szükségleteikről. Segítették olyan találkozók megrendezését is, ahol a világ bármely részéről jövő hasonló gondolkodású emberek összegyűlhettek, és együtt imádkozhattak.

Taize is a little village in the south of France, not far from Lyon. During World War II, a man named Roger Schutz went there, escaping from the north of France which was occupied by German troops, and helping to hide others there who were also fleeing from the invasion. He was a minister of the Protestant church, and he always dreamed of creating a quiet place where people could come just to pray and be at peace. He settled there, and slowly, over the years, was joined by many other men, from all of the different Christian denominations. Those living and working there became greater in number, earning their living working on the land, and living a kind of monastic life, but not according to strict rules. They started to receive regular visits from people who had heard about them, and after a while, some of the residents began to occupy their time by showing visitors around, and looking after their needs. They also helped to organize meetings of like-minded people, where people could come and gather and pray, in many parts of the world.

Ma már hatalmas területtel bírnak, és minden évben sok-sok látogatót fogadnak a világ minden tájáról. Különösen sokan fordulnak meg ott a húsvéti időszakban és nyáron. Húsvétkor általában 10000 ember tartózkodik ott. Nagy sátraik vannak, ahol az emberek ott tudnak maradni, és egy nagy templom, ami valójában nem egy igazi templom, hanem sok virággal teli, szőnyegekkel leterített nagy csarnok, elmélkedésre különösen alkalmas, kis székekkel, melyek megtámasztanak, amikor letérdelsz. Elöl néhány ikon és sok gyertya található, valamint egy hely, ahol a zenekar tagjai leülhetnek és játszhatnak az imádkozó összejövetelek alatt. Ezek az összejövetelek mindig azonos módon zajlanak le. Elsőként felolvas valaki a Bibliából. Néha Roger Schutz elmondja a napra érvényes gondolatait, melyek mindig nagyon rövidek, hogy meg tudd jegyezni és el tudj rajtuk gondolkodni. Általában több nyelven is elmondja őket, így a többség hallhat valamit a saját nyelvén.

Now they own a large area there, and every year receive many visits, all year round, from people from all over the world. They get especially many visitors around Easter time and in the summer. At Easter there are usually around ten thousand people there. They have large tents there in which people can stay, and a large church, not a normal church but a large hall with carpet on the floor to sit on, many flowers, and little chairs which support you when you kneel down, which are especially good for meditation. At the front there are some icons and many candles, and a place for an orchestra to sit and play in the prayer meetings there. These meetings always follow the same procedure. First, somebody reads from the Bible. Sometimes, Roger Schutz gives a few thoughts for the day, always very short ones which you can remember and think about. He usually says them in lots of languages, so most of the people there can hear something in their own language.

Aztán éneklés következik, ami rendszerint a legtöbb összejövetelt feldobja. A dalok szövegét a kottával együtt több nyelven szétosztják. Ezek főként egy nagyon jelentőségteljes mondatot tartalmaznak, amit sokszor és sokszor elénekelsz, s így lehetőséged nyílik elmélkedni a jelentésén. A zenei jelölésmódot mindig négy hangra jelölik, így nagyon kellemes harmóniákat lehet kiénekelni. Az éneklést hangszerekkel kísérik, és a melodikus témákra mindig szép variációkat játszanak.

Then comes the singing which takes up most of the meeting. They distribute the text of the songs in many languages, with the notes. The songs mostly consist of one very meaningful sentence, which you sing lots and lots of times, which also gives you the opportunity to contemplate its meaning. The musical notation is always scored for four voices, and so you can sing very nice harmonies. The instruments accompany the singing, and always play beautiful variations on the melodic themes.

Naponta háromszor tartanak ilyen fő imádkozó összejöveteleket. A köztük lévő idővel szabadon rendelkezhetsz. Eltölthetsz egy hetet csendben maradva, ebben az esetben a kissé távolabb levő kis házban tartózkodhatsz, s ha akarsz, lemehetsz az imádkozó összejövetelekre. Vagy választhatod azt is, hogy ott dolgozol egy hétig, segítesz a konyhában, a takarításban, vagy más dolgokban, de lehetsz egy átlagos látogató is. Ilyenkor reggelenként és délutánonként részt vehetsz 10-15 fős rövid összejöveteleken, ahol az emberek bizonyos témákról, a Bibliáról vagy az életükről beszélgetnek. Vagy elmehetsz sétálni, hiszen a falu gyönyörű, dimbes-dombos vidéken helyezkedik el, kis templomokkal, régi házakkal és nem túl sok emberrel. Taize a dél-franciaországi, mindig napos és meleg színekkel teli Provence peremén található.

These main prayer meetings take place three times a day. In between these, you can choose what to do. You can have a silent week there, remaining in silence for a week, in which case you can stay in little houses a short distance away and go down for the prayer meetings if you want to. You can choose to spend a week working there, helping in the kitchens, helping with the cleaning or a variety of other things, or you can be a regular visitor, in which case in the mornings and afternoons you take part in short meetings, in small groups of ten or fifteen people, where people talk about certain topics, about the Bible, or about their lives. Or you can go on walks, as the village is located in beautiful countryside, with little rolling hills, small churches, old houses and not many people. Taize is on the edge of Provence in the south of France, which is always very sunny and has very warm colours.

Az emberek rendszerint egy hétre látogatnak el Taizbe. Egyik vasárnaptól a következőig maradnak. A díjszabásokra kért hozzájárulások mértéke attól függ, hogy honnan jöttél. Ha gazdag országból, mint például Svájc vagy Ausztria, akkor többet kell fizetned, mint mondjuk annak, aki Magyarországról vagy Szlovákiából jött. Ha jómódú országból érkeztél, de viszonylag szegény vagy, és nem engedheted meg magadnak az országod árszabásait, az anyagi körülményeidnek megfelelően kevesebbet fizethetsz.

People usually visit Taize for a week. They start their week on a Sunday and stay until the following Sunday. The size of the contributions they ask for depends on where you come from. If you come from a rich country, such as Switzerland or Austria, you are asked to pay more than if you come from, for example, Hungary or Slovakia. If you are from a well-off country but are relatively poor, and can't afford the rates for your country, you can pay less, according to your means.

Szóval, egész évben nemzetközi összejöveteleket rendeznek. Bármikor elmehetsz beszélgetni a szerzetesekkel. Sok különböző keresztény felekezet tagjaival, és sok különböző vallású emberrel találkozhatsz. Amikor én ott voltam, találkoztam a Hare Krishna mozgalom néhány tagjával, buddhistákkal, katolikusokkal és egyéb más vallású emberekkel is. Ám úgy gondolom, hogy az ottani szerzetesek gondolkodásmódjukban a katolicizmushoz állnak a legközelebb. A pápa igazán szereti őket, és nagyon jó barátságban van Roger Schutz-cal. Ha valamilyen nagy összejövetelt tartanak, mindig biztosítja őket levélben a támogatásáról, mondván, szereti az ott történő dolgok mögött meghúzódó eszmét.

So they hold international meetings there all year long. At any time there you can go to talk with the monks there. You can meet people from many different Christian denominations there, and from many different religions. When I was there I met some members of the Hare Krishna movement, Buddhists, Catholics and people from other religions. But I think in their way of thinking the monks are closest to Catholicism. The Pope really likes them, and has a very good relationship with Roger Schutz. If they have big meetings he always sends a letter of support, saying that he likes the idea behind what's going on there.

Gyűléseket persze nemcsak Taize-ben, hanem más európai helyeken, így Londonban és Párizsban is tartanak, de Európán kívül is. Egyszóval mindenhol. Az emberek rendszeresen összejönnek Húsvétkor vagy újévkor, és imádkoznak az eljövendő esztendőért. A lengyelországi Wroclaw-ban, a Cseh köztársaságbeli Prágában és Budapesten voltam ilyen gyűlésen. Mindig télen voltak, rengeteg ember jött, s ezek a nagyvárosok mind megteltek az Európa különböző térségeiből jött sok ezer kedves és mosolygó fiatallal.

Meetings take place not only in Taize but also in other places, such as London and Paris, in Europe usually, but not only in Europe, everywhere. People come together, usually at New Year, to pray for the year ahead, or at Easter time. I was in meetings like this in Wroclaw in Poland, in Prague in the Czech Republic, and in Budapest. They were always in the winter time, and many, many people came, and these big towns were just filled up with many thousands of nice, smiling young people from all over Europe.

A városok lakói valóban láthatták az összejövetelek hatásait, hiszen a sok ember énekelve, imádkozva és jókedvűen vonult az utcán, és minden egyes alkalommal nagyon jó légkör bontakozott ki. Nagy ételkiosztó központok lettek felállítva, ahol az összejövetelekre érkezett emberek együtt ehettek. Helyi családoknál tartózkodtunk, vagy ha nem volt elég vendéglátó család, iskolákban.

The inhabitants of these towns could really see the effects of the meetings, with many people on the streets singing and praying and being nice, and a very good atmosphere developed each time.

Large food-distribution centres were set up, where the people who came for the meetings could eat together. We were staying with local families, or when there weren't enough host families, in schools.

Wroclawban egy család fogadott be, Prágában egy kolostorban voltam, és a budapesti összejövetel alatt pedig a fővárosban laktam. Annak ellenére, hogy Angliában születtem és nevelkedtem fel, a családom egy része magyar. Már hónapokkal minden egyes összejövetel előtt fiatalok mennek a városba, ahol a rendezvény lesz, hogy részt vegyenek a szervezésben. Amikor Budapesten tartózkodtam, egy kedves lengyel lányt láttunk vendégül, aki a karácsonykor megrendezésre kerülő találkozó előkészítésére jött. Mivel meglehetősen jól beszélek magyarul, 3-4 hónappal a rendezvény előtt elmentem, és segítettem neki a templomi papokat megkérni, hogy beszéljenek a gyülekezetükkel, és kérdezzék meg, hogy a találkozó ideje alatt akarnak-e vendégeket elszállásolni, vagy megengedik-e, hogy a reggeli misékhez használjuk a templomot. Ezeken a találkozókon az emberek általában a vendéglátó családjuknál reggeliznek, majd a közeli templomba elmennek a reggeli misére, aztán nappal elmennek a találkozó központjába, ami általában egy sportcsarnok, vagy ahhoz hasonló hely. Szóval segítettem ebben a diáklánynak, aki később velünk maradt a találkozó alatt, majd karácsony elmúltával is. Mélyen vallásos ember, aki segítőként éveket töltött Taize-ben. Ott ugyan nincsenek apácák, de ha kedved tartja, egy hétnél hosszabb ideig, vagy akár tovább is ott maradhatsz.

In Wroclaw I stayed with a family, in Prague I stayed in a monastery, and I was living in Budapest at the time of the meeting there, as, although I was born and raised in England, part of my family are Hungarian. Months before each meeting, young people go to the town where the meeting will happen to organize them. When I was staying in Budapest, we were host to a lovely Polish girl who came to prepare for the meeting there, which was at Christmas, and three or four months before I went with her and helped her to talk to the priests in the church, as I speak quite good Hungarian, to ask if they could talk to their congregations and ask

74

if they would be willing to accommodate guests at the time of the meeting, or if they could let us use the church for the morning prayers. Usually in these meetings, people have breakfast with their host families, then go to a nearby church for morning prayer, then during the daytime go to big meeting centres, in sports halls or places like that. So I helped with that, and that was really nice, then afterwards she stayed with us during the meeting, over Christmas time. She is a very deeply religious person who spent years in Taize as a helper. There are no nuns in Taize, but if you want to stay there for longer than a week you can stay for longer periods as well.

Taize-ben és a találkozókon történt legmeghatározóbb élményeim egyike az, amikor mindenki összegyűlt csendben együtt imádkozni. Amikor nővéremmel Taize-ben voltunk, az év többi részéhez képest kevésbé forgalmas tavaszi időszak miatt nem voltak ott túl sokan. Ám időm nagy részét így is a nagy templomban töltöttem, hiszen annyira tetszett a csendes imádság. Az összejöveteleken pedig az ragadott meg, amikor a sok ezer emberrel teli nagy sátorban a hívők csendben imádkoztak, és néha az imák közvetlenül egy dologra irányultak. Amikor például Wroclaw-ban tartózkodtunk, javában zajlott a román forradalom, így az embereket nagyon érdekelte az esemény. Mindannyian együtt imádkoztunk, és nagyon jó érzés volt tudni, hogy az összes ottlévő ugyanazért a dologért könyörög. Én tényleg hiszek az ima erejében. Jézus azt mondta, hogy a hit hegyeket mozgathat, és én hiszem, hogy meggyógyíthatjuk általa a Földet.

One of the strongest experiences for me at Taize and in the meetings was when everybody gathered to pray together in silence. When my sister and I were in Taize, there weren't so many people there, as it was the beginning of spring, which is not as busy as other times of the year there, but I still spent most of my time in the big church, as I enjoyed these times of sitting and praying in silence greatly. But in the meetings it was a very big experience, to be in a big tent filled with many thousands of people praying in silence, and sometimes the prayers were directed towards something, for example, when we were in Wroclaw it was during the time of the Romanian revolution, so people were very concerned about that. So we all prayed for that, and there was a very strong feeling that all of those people were praying for the same thing. I really believe in the power of prayer. Jesus said that faith can move mountains, and I believe that it can heal the Earth.

A legfontosabb elgondolás Taize-ben az, hogy elmehetsz az összejövetelekre vagy Taiz-be, nagyszerűen eltöltheted az időd, feltöltődhetsz kellemes érzésekkel és pozitív energiával, kaphatsz inspirációt és néhány igazán jó ötletet, aztán hazamenvén elkezdheted kiépíteni ezeket a jó érzéseket és hasznos terveket barátaid, szomszédaid és családod körében is. Hiszen ha 10000 ember részt vesz egy összejövetelen, és mindannyian lelkesedéssel telve hazamennek, és elhatározzák, hogy tesznek valami jót, akkor a világban ennek valóban pozitív következményei lesznek, és nagy változást fog előidézni. Szerintem ez egy nagyszerű eszme, és csodálatos mód arra, hogy a világ jó irányba változzon.

The most important idea which has developed in Taize is that you can go to meetings or to Taize, have a great time and get filled up with nice feelings and positive energy, and get some good ideas and inspiration, but then you should go home and start to build up good feelings and beneficial projects there, with your friends, neighbours and family. So if there are ten thousand people in a meeting and they all go home full of enthusiasm and decide to do something, it will really have a positive effect on the world, and make a big change. I think this is a great idea, a wonderful way to really change the world for the better.

1. Mi Taize?
2. Roger Shutz-nak miért kellett odamenekülnie?
3. Miről álmodott mindig?
4. Kik csatlakoztak hozzá az évek alatt?
5. Milyen életet éltek mindannyian?
6. Hogy történt, hogy néhányuk gondoskodik a látogatókról?
7. Mikor van különösen sok látogató?
8. Hány ember gyűlhet ott össze húsvétkor?
9. Milyen szolgáltatásokat nyújtanak nekik Taize-ben?
10. Milyenek az imádkozó összejövetelek?
11. Melyik a fő része az ilyen összejöveteleknek?
12. Miért csak egy jelentős mondatból állnak az énekek?
13. Hogy tudják emberek a világ minden tájáról ugyanazokat a dalokat elénekelni?
14. Milyen gyakran vannak imádkozó összejövetelek?
15. Mit tudsz csinálni közöttük?
16. Hol tartózkodhatsz, ha csendes heted van?
17. Hol segíthetsz, ha a munkát választod?
18. Mit tesznek a mindennapi látogatók?
19. Miért olyan jó, ha csak sétálni mész?
20. Mennyi ideig maradnak általában Taize-ben?
21. Mennyi a hozzájárulás?
22. Hol másutt vannak összejövetelek?
23. Hol szállnak meg a vendégek a nemzetközi összejöveteleken?
24. Kik készülnek ezekre a rendezvényekre?
25. Milyen egy tipikus nap egy nemzetközi összejövetelen?

1. What is Taize?
2. Why did Roger Shutz have to escape there?
3. What did he always dream about?
4. Who joined him over the years?
5. What kind of life do they all live?
6. How did it happen that some of them look after the visitors?
7. When do they get especially many visitors?
8. How many people can gather there at Easter?
9. What kind of facilities do they have in Taize?
10. What are the prayer meetings like?
11. What is the main part of such a meeting?
12. Why do songs consist of only one meaningful sentence?
13. How can people from all over the world sing the same songs?
14. How often do prayer meetings take place?
15. What can you do between them?
16. Where can you stay if you have a silent week?
17. Where can you help if you choose to work?
18. What do regular visitors do?
19. Why is it so nice just to go on walks?
20. How long do people usually stay in Taize?
21. How much is the contribution?
22. Where else do the meetings take place?
23. Where do the visitors stay at the international meetings?
24. Who prepares for these meetings?
25. What is a typical day at an international meeting like?

1. Gyakorlat

Taize egy kis dél-franciaországi falu. A II. világháború alatt egy Roger Schutz nevű férfi a német csapatok elől odamenekült. A protestáns egyház lelkipásztoraként mindig is egy csendes és nyugodt hely létrehozásáról álmodozott, ahová az emberek csak imádkozni mennek és egy kis időt békében eltölteni. Letelepedett, és lassan különféle keresztény felekezetekből érkezett emberek csatlakoztak hozzá. Javaikat a földeken termelték meg és valamennyien egyfajta szerzetesi életet éltek, de nem olyan szigorú szabályok szerint.

Training 1

Taize is a little village in the south of France. During World War II, Roger Schutz went there, escaping from the German troops. He was a minister of the Protestant church, and he always dreamed of creating a quiet place for people to pray and be at peace. He settled there, and slowly was joined by people from different Christian denominations. They earn their living working on the land, and live a kind of monastic life, but not according to strict rules.

2. Gyakorlat

Ma már sok-sok látogatót fogadnak a világ minden tájáról. Ezek az összejövetelek mindig azonos módon zajlanak le. Elsőként felolvas valaki a Bibliából. Néha Roger Schutz elmondja a napra érvényes gondolatait. Aztán éneklés következik. A dalok egy nagyon jelentőségteljes mondatot tartalmaznak, amit sokszor és sokszor elénekelsz. A zenei jelölésmódot mindig 4 hangra jelölik, így nagyon kellemes harmóniákat lehet kiénekelni.

Training 2

Now they receive a lot of visitors from all over the world. The meetings always follow the same procedure. First, somebody reads from the Bible. Sometimes, Roger Schutz gives a few thoughts for the day. Then comes the singing. The songs mostly consist of one very meaningful sentence, which you sing lots and lots of times.The musical notation is always scored for four voices, and so you can sing very nice harmonies.

3. Gyakorlat

Naponta háromszor tartanak ilyen fő imádkozó összejöveteleket. Az ezek közt lévő idővel szabadon rendelkezhetsz. Eltölthetsz egy hetet csendben maradva. Vagy választhatod azt is, hogy ott dolgozol egy hétig, de lehetsz egy átlagos látogató is. Ilyenkor részt vehetsz kis csoportos, rövid összejöveteleken, ahol az emberek bizonyos témákról beszélgetnek. Vagy elmehetsz sétálni, hiszen a falu gyönyörű, dimbes-dombos vidéken helyezkedik el, kis templomokkal, régi házakkal és nem túl sok emberrel.

Training 3

These main prayer meetings take place three times a day. In between these, you can choose what to do. You can have a silent week there. You can choose to spend a week working there, or you can be a regular visitor and take part in short meetings, in small groups, where people talk about certain topics. Or you can go on walks, as the village is located in beautiful countryside, with little rolling hills, small churches, old houses and not many people.

4. Gyakorlat

Gyűlések persze nemcsak Taize-ben, hanem más helyeken is vannak. John volt Wroclaw-ban, Prágában és Budapesten ilyen gyűlésen. És minden egyes alkalommal nagyon jó légkör bontakozott ki. Helyi családoknál tartózkodtak, vagy iskolákban. Ezeken a találkozókon az emberek általában a vendéglátó családjuknál reggeliznek, majd a közeli templomba elmennek a reggeli misére, aztán nappal elmennek a nagy találkozó központokba, amik általában sportcsarnokok, vagy ahhoz hasonló helyek.

Training 4

Meetings take place not only in Taize but also in other places. John was in meetings like this in Wroclaw, in Prague, and in Budapest. And a very good atmosphere developed each time. They were staying with local families or in schools. Usually in these meetings, people have breakfast with their host families, then go to a nearby church for morning prayer, then during the daytime go to big meeting centres, in sports halls or places like that.

5. Gyakorlat

A legfontosabb elgondolás Taize-ben az, hogy elmehetsz az összejövetelekre vagy Taiz-be, kaphatsz inspirációkat és néhány igazán jó ötletet, aztán hazamenvén elkezdheted kiépíteni ezeket a jó érzéseket és hasznos terveket barátaid, szomszédjaid és családod körében is. Ez egy nagyszerű eszme, és csodálatos mód arra, hogy a világ valóban jó irányba változzon.

Training 5

The most important idea which has developed in Taize is that you can go to meetings or to Taize, and get some good ideas and inspiration, but then you should go home and start to build up good feelings and beneficial projects there, with your friends, neighbours and family. This is a great idea and a wonderful way to really change the world for the better.

A HOLDRÓL JÖTT EMBER

Alistair-rel a legelső egyetemi napomon találkoztam először. Mivel mindig is építészmérnök akartam lenni, építészetet tanultam, Alistair pedig az általános mérnöki szakra járt. Az egyetemnek az első pár évre vonatkozólag néhány különleges elgondolása volt az építészeti és az általános mérnöki kurzusok összekapcsolásáról, így az általános mérnökök kaphattak néhány jó ötletet a tervezéshez, az építészmérnökök pedig megtudhatták, hogy milyen is egy tégla. Tehát az első napon találkoztunk. Abban az időben zajlottak a diáklázadások, így sok időt töltöttünk azzal, hogy a köztereken föl-alá masíroztunk valami ellen tiltakozva.

I first met Alistair on my very first day at University. I was studying architecture, as I had always wanted to be an architect, and Alistair was studying civil engineering. The university had some fancy idea about combining the first years of the architecture and civil engineering courses, so the civil engineers would get some idea about design, and the architects would find out what a brick looked like. So we met on the first day. Those were the days of the student revolutions, so we spent a lot of time marching up and down protesting about things.

Másodéves korunkban közösen osztoztunk egy lakáson két másik diákkal, ami nagyszerű móka volt. Bár négy fiatal fiú lakott együtt, meglehetősen civilizált körülmények között éltünk. Minden házimunkát egyenlő részben elosztottunk négyfelé. Alistair meg én végeztünk mindenféle bevásárlást és főzést, ami teljesen felmentett minket olyan kötelezettségek alól, mint például a takarítás, és ez így volt jó!

In the second year of our studies, we shared a flat with two other students, which was great fun actually. Given that we were four lads living together, we were pretty civilized really. All of the housework was dished out evenly between the four of us, and me and Alistair did all of the shopping and all of the cooking, which totally absolved us of any responsibility for things like cleaning work, which was great by me.

Most pedig mesélek neked a legrosszabb ételről, amit valaha ettünk. Alistair nagyon jó szakács, és én sem vagyok túl rossz, de diákok voltunk, és nem volt túl sok pénzünk, így ott próbáltunk spórolni, ahol csak lehetett. Egy napon megkíséreltünk curry-s heringet készíteni. Valószínűleg magában meglehetősen rossz lett volna, de elhatároztuk, hogy teszünk hozzá fahéjat is. Na, már most, néhány fűszertartó tetején kis rács van, így csak kevés jön ki a dobozból és néhány tetején nincs, és ennek a tartónak sem volt ilyen szórófeje, Alistair viszont azt hitte, hogy van. Amikor megrázta a fahéjas edényt, egy csipetnyi helyett majdnem az egész beleszóródott. Megpróbáltuk megenni, de szerencsére elég okosak voltunk, és külön tálaltuk a rizstől. Egy falat után valaki megszólalt: "Ez szörnyű." Mindnyájan egyetértettünk, hiszen tényleg förtelmes volt, és végül csak rizst ettünk vacsorára.

I'll tell you about the worst meal we ever had. Alistair was a very good cook, and I'm not so bad myself, but we were students, and we didn't have too much money, you see, so we were always looking for ways to economize. We experimented one day, attempting to make herring curry. This probably would have been pretty bad to start with, but we decided to add cinnamon. Now, some spice jars have a little grill on top, so only a little comes out, and some don't, but this one didn't and Alistair thought it did, so as he shook the cinnamon over the pot, instead of just a sprinkling the whole lot went in. We tried to eat it, but luckily we were sensible enough to serve it separately to the rice. After one mouthful, somebody said, "This is horrible". We all agreed - it really was disgusting - and ended up only eating rice for supper.

Akkoriban egy nagyon jó jazz-rock bandában gitározott, és a diplomája után leköltözött velük Londonba. Egy este éppen lefeküdni készült - hálózsákban aludt -, ám úgy érezte, hogy nagyon meleg van, és kinyitotta az ablakot. A szobája a ház harmadik emeletén volt. Ezután már csak arra eszmélt, hogy kórházban van, mert a hálózsákjában valahogy sikerült kirepülnie vagy kigurulnia az ablakon, és a mai napig nem tudja, hogy mi történt. Az alatta lakók a 2. emeleten látták kiesni az ablakon. Az orvosok szerint a földet éréskor aludhatott, mert a sérülése viszonylag enyhe volt. Más körülmények között, ha valaki kiesik egy harmadik emeleti ablakból vagy meghal, vagy megbénul. Ugyan súlyosan megsérült, de a történtekhez képest nem volt olyan súlyos.

He played guitar at that time with a very good jazz-rock group, and after his degree he moved down to London with them. One night there, he went to bed - he was sleeping in his sleeping bag - and it being quite hot, he had the window open. His room was on the third floor of the house. The next thing he knew was that he was in hospital, because somehow he had managed to fly, or roll, out of the window, in his sleeping bag, and to this day he still doesn't know what happened. The people who lived below him on the second floor saw him falling past their window. The doctors said that he was probably asleep when he hit the ground, because the damage was relatively slight - normally, you'd either die or be paralysed after falling down from a third-floor window. He was badly injured, but it wasn't that serious.

Hosszú ideig kórházban volt, ahol ráadásul az ún. "hörcsögkerékbe" tették. A kórház Amerikából kapta ezt az eszközt azon betegek számára, akiknek sokáig ágyban kell maradniuk. Olyan volt, mint egy hatalmas kerék, és az ágya ennek a közepén volt, tehát a hátán feküdt, és aztán rászorítottak egy másik ágyat, beszíjazták, majd az egészet felfordították, s így arccal lefelé feküdt a másik ággyal a hátán. Aztán levették róla, majd három óra múlva újra összeszíjazták, a hátára tették a másik ágyat, és három óránként újra és újra megfordították. Ennek az az oka, hogy ha sokáig fekszel egy helyzetben, nem tesz jót a bőrödnek állandóan érintkezni az ággyal, és felfekvést, azaz kellemetlen sebeket szerezhetsz emiatt. Azért alkalmazták ezt a módszert, mert sebei miatt nem tudott magától megfordulni, és nem volt képes mozogni. A nővérek kétségtelenül nagyon kedvesek voltak, és sok-sok Guiness sört adtak neki!

He was in hospital for a long time, where in fact he was "hamster-wheeled". The hospital had got this thing from America for patients who had to stay in bed for a long time. It was like a huge wheel, and his bed was in the middle of the wheel, so he'd lie on his back, and then they'd clamp another bed down on top of him, strap him in, and turn the whole thing over, so he'd be lying on his front, with the other bed on his back. Then they'd take that off of him, and after three hours they'd strap him in again, put the other bed back on, and turn him round again, and again every three hours. The reason for this was that if you lie for a long time in one position it's not very good for your skin to stay in contact with the bed, and you get bed sores, and he couldn't turn over by himself as, with all his injuries, he wasn't able to move. The nurses were very nice, apparently, and gave him lots of Guinness!

Végül Alistair visszaköltözött Edinburgh-be, és elment a minden évben két hétig tartó, nagy kulturális eseményre, az Edinburgh-i Fesztiválra, ahol felkérték egy gyermekműsor készítésére. Összeakadt egy Magic Bob művésznevű bűvésszel, aki Edinburgh-ben dolgozott, és éppen szereplőtársat keresett magának. Mivel Alistair azelőtt soha nem játszott gyerekeknek, leült és gondolkozni kezdett: "Mit is adhatnék elő? Tudom már, Holdról jött ember leszek!"

Eventually Alistair moved back to Edinburgh, and he went to the Edinburgh Festival, which is a big cultural event that takes place for a couple of weeks every year there, and was asked to do a children's show there. He had bumped into a magician, whose stage name was Magic Bob, who worked in Edinburgh, and wanted someone else to perform with. Now, Alistair had never played for children before, but he sat down and thought, "What can I do? I know, I'll come from the moon!"

Felvett egy kezeslábast, amire a felesége kis csillagokat és holdakat varrt, talált egy öreg lámpaernyőt a szekrényben, amit a fejére tett, és egy dobon ülve gitárral, szájharmonikával és játéktrombitával a kezében úgy tett, mintha Holdról jött egyszemélyes zenekar lenne. Nem tudom, hogy az első koncertjei milyen sikerrel jártak, de bizonyára nagyon fellelkesítették, hiszen elhatározta, hogy megmarad szerepében, s később nagyon sikeres lett. Gyermekded humora miatt nagyon jó volt, és nem volt leereszkedő, mert tudott egy gyerek fejével gondolkozni.

So he got this kind of overall, and his wife stitched little stars and moons on it, and he found an old lampshade in the cupboard and put this lampshade on his head, and he made himself into a one-man-band, sitting on top of a drum, with his guitar and a mouth organ and a kazoo, and pretended to be the one-man-band from the moon. I don't know how successful his first concerts were, but they must have inspired him, as he decided to continue in this role and later went on to become very successful. He was very good, as he had a sort of child-like sense of humour. You know, he was not patronizing, as he knew how to think like a child.

A gyermekszórakoztatókkal általában két alapvető probléma van. Először is, gyakran előfordul, hogy nem szeretnek igazából gyerekeknek játszani, és az egészet csak a pénzért csinálják. A másik gond az, hogy azt hiszik, hogy a gyerekek szeretik a sárkányokat, kastélyokat, hercegnőket, és egy csomó olyan dolgot, amit elképzeléseik szerint szeretniük kéne. Ezzel szemben ő úgy találta, hogy a gyerekeket rabul ejtik a mindennapi dolgok is, de a műsorba néha bele lehet vinni egy kis varázslatot a látvány kedvéért.

There are two common problems with children's entertainers. Firstly, quite often they don't really like playing for children, and are just doing it for the money. The other problem is that they think that children like dragons and castles and princesses and things that they think children would like, when in fact he found that children are often really captivated by everyday things, with perhaps just a bit of magic to make the show a bit spectacular.

Most a családjával együtt egy kis teherautóval utazgat, vidéki termekben lép fel, és meglehetősen jól megél belőle. Egy területen igyekszik csak egyszer fellépni, például egy hétre elmegy a Külső

Hebridákra, naponta fellép pár helyen, aztán továbbmegy egy másik vidékre.

Now he goes around and plays in places like village halls, travelling around with his family in a little van, and he's doing quite well from it now. He tends to perform in one area at one time, for example he takes his van to the Outer Hebrides for a week and plays a few times a day there, and then moves on to a different region.

Közvetlen karácsony előtt felkérték, hogy legyen egy egy hónapig tartó műsor házigazdája egy nagy glasgow-i koncertcsarnokban. A műsor sikert aratott, hiszen Alistairt sok ember látta, és jól megfizették neki, mégsem szerette nagyon. Túlságosan nagyszabású volt és személytelen, és a közönséggel való kapcsolata sem volt olyan jó, mint kisebb rendezvények esetében, így mára már felhagyott az efféle show-műsorokkal.

Just before Christmas time he was asked to host a show in a big concert hall in Glasgow which lasted for a month. That was successful in that he was well paid for it and a lot of people saw him, but he didn't like it very much. It was too big and impersonal, and the contact with the audience wasn't anything like as good as it was in smaller shows, so he's stopped doing such big shows now.

Szerinte bizonyos ponton túl a légkör sokkal felszínesebbé válik, ezért úgy döntött, hogy nincs annyira szüksége a pénzre, hogy ilyet vállaljon. Tényleg érthető, hogy sokkal inkább előnyben részesít egy iskolai aulában tartott előadást 30 gyerek számára, ahol valóban érzi, hogy kapcsolatban van a gyerekekkel, mintha egy hatalmas csarnokban 1500 gyerek részére adna műsort.

He says that beyond a certain scale, the atmosphere becomes a lot weaker, and he decided he didn't need the money that much. It's understandable really, that he prefers playing for maybe thirty children in a school hall, where he really feels he's communicating with the children, than in a huge hall with one thousand five hundred children.

Amikor hazamegyünk Skóciába, a gyerekeim szeretik nézni őt, szeretik hallgatni a kazettáit, és együtt énekelni velük. Mivel Magyarországon nőttek fel, és magyar iskolába járnak, nem túl sok lehetőségük nyílik az angol gyakorlására. A feleségem magyar, és otthon többnyire magyarul beszélünk, így meglehetősen sok angolt tanultak tőle és a kazettáitól. Dalai a gyerkőcök számára nagyon is nevelő jellegűek, énekel az évszakokról, a hét napjairól, vicces történetekről, meg ilyesmikről. Majdnem úgy néznek rá, mint egy rajzfilmfigurára, mivel nagyon furcsa valaki hatását kelti.

My children love to see him when we go back home to Scotland, and love listening to his tapes and singing along with them. Being brought up in Hungary, and going to a Hungarian school, they don't have so much exposure to English - my wife's Hungarian and we speak mostly in Hungarian at home - and so they learnt quite a lot of English from him and his tapes. His songs are very educational for youngsters - he sings about the seasons, days of the week and things like that as well as telling funny stories. They see him almost like a cartoon character, as he comes across as somebody very extraordinary.

1. Mikor találkozott először Ross Alistair-rel?
2. Mit tanultak ott?
3. Hogy kötöttek barátságot?
4. Mi volt Ross és Alistair háztartási munkája?
5. Mi volt a legrosszabb ételük?
6. Mit csinált Alistair, miután lediplomázott?
7. Mi volt az a különös baleset, ami egyik éjjel történt vele?
8. Melyik emeleten lakott?
9. Mi volt a legkülönösebb abban a balesetben?
10. Hogy magyarázta el az orvos, hogy egy hajszálon múlt?
11. Mi volt érdekes a hosszú kórházi tartózkodásában?
12. Mikor és hol kérték meg először, hogy játsszon gyerekeknek?
13. Kinek az ötlete volt?
14. Milyen szerep mellett döntött Alistair, amit előad?
15. Milyen volt a jelmeze?
16. Minek tetette magát?
17. Milyen hangszeren játszott az egyszemélyes zenekara?
18. Miként döntött, mit csinál a koncertek után?
19. Miért lett olyan sikeres?
20. Mik az általános problémák a gyerekszórakoztatással?
21. Mivel lehet a gyerekeket igazán elbűvölni?
22. Hol játszik most Alistair?
23. Hol volt egy Showműsor házigazdája karácsony előtt?
24. Sikeres volt a műsor?
25. Ő maga miért nem kedvelte annyira?

1. When did Ross first meet Alistair?
2. What were they studying there?
3. How did they make friends?
4. What were Ross and Alistair's household chores?
5. What was their worst meal?
6. What did Alistair do after his degree?
7. What was the strange accident that happened to him one night?
8. Which floor did he live on?
9. What was the most peculiar about that accident?
10. How did the doctors explain his narrow escape?
11. What was interesting about his long stay in hospital?
12. When and where was he first asked to perform for children?
13. Whose idea was that?
14. What character did Alistair decide to perform?
15. What was his fancy dress like?
16. What did he pretend to be?
17. Which musical instruments did his one-man-band play?
18. What did he decide to do after those concerts?
19. Why has he become so successful?
20. What are common problems with children's entertainers?
21. What are children really captivated by?
22. Where does Alistair play now?
23. Where did he host a show just before Christmas?
24. Was his show successful?
25. Why didn't he like it very much himself?

1. Gyakorlat

Ross az egyetemen találkozott először Alistair-rel. Közösen osztoztak egy lakáson két másik diákkal, ami nagyszerű móka volt. Minden házimunkát egyenlő részben négyfelé osztottak, és Ross meg Alistair végeztek mindenféle bevásárlást és főzést. De mindig ott próbáltak meg spórolni, ahol csak lehetett, ami nem mindig volt jó ötlet.

Training 1

Ross first met Alistair at University. They shared a flat with two other students, which was great fun actually. All of the housework was dished out evenly between the four of them, and Ross and Alistair did all of the shopping and all of the cooking. But they always looked for ways to economise and experimented which wasn't always a good idea.

2. Gyakorlat

Alistair akkoriban egy nagyon jó jazz-rock bandában gitározott, és a diplomája után leköltözött velük Londonba. Egy este éppen amikor aludt a hálózsákjában, a hálózsákjával együtt valahogy sikerült kirepülnie vagy kigurulnia az ablakon. Az orvosok szerint a földet éréskor aludhatott, mert a sérülése viszonylag enyhe volt.

Training 2

Alistar played guitar at that time with a very good jazz-rock group, and after his degree he moved down to London with them. One night there, when he was sleeping in his sleeping bag, he somehow he managed to fly, or roll, out of the window, in his sleeping bag. The doctors said that he was probably asleep when he hit the ground, because the damage was relatively slight.

3. Gyakorlat

Végül Alistair visszaköltözött Edinburgh-be, és felkérték egy gyermekműsor készítésére. Alistair azelőtt soha nem játszott gyerekeknek, leült és azt gondolta, hogy a Holdról jött. Így felvett egy kezeslábast, amin kis csillagok voltak, és fejére tett egy öreg lámpaernyőt, és úgy tett, mintha Holdról jött egyszemélyes zenekar lenne. Gyermekded humora miatt nagyon jó volt, és nem volt leereszkedő.

Training 3

Eventually Alistair moved back to Edinburgh, and was asked to do a children's show there. Alistair had never played for children before, but he sat down and thought he'd come from the moon. So he got this kind of overall with stars on it, and put an old lampshade on his head, and pretended to be the one-man-band from the moon. He was very good, as he was not patronising and had a sort of child-like sense of humour.

4. Gyakorlat

A gyermekszórakoztatókkal általában két alapvető probléma van. Először is, gyakran nem szeretnek igazából gyerekeknek játszani. A másik gond az, hogy azt hiszik, hogy a gyerekek szeretik a sárkányokat, kastélyokat, hercegnőket. Ezzel szemben Alistair úgy találja, hogy a gyerekeket rabul ejtik a mindennapi dolgok is, de a műsorba néha bele lehet vinni egy kis varázslatot a látvány kedvéért.

Training 4

There are two common problems with children's entertainers. Firstly, quite often they don't really like playing for children. The other problem is that they think that children like dragons and castles and princesses, when in fact Alistair found that children are really captivated by everyday things, with perhaps just a bit of magic to make the show a bit spectacular.

5. Gyakorlat

Most utazgat és vidéki termekben lép fel, és meglehetősen jól megél belőle. Közvetlen karácsony előtt felkérték, hogy legyen egy egy hónapig tartó műsor házigazdája egy nagy glasgow-i koncertcsarnokban. A műsor sikert aratott, de neki mégsem tetszett valami nagyon. Túlságosan nagyszabású volt és személytelen. Ellenben előnyben részesít egy iskolai aulában tartott előadást 30 gyerek számára, ahol valóban érzi, hogy kapcsolatban van a gyerekekkel.

Training 5

Now he goes around and plays in places like village halls, and he's doing quite well from it. Just before Christmas time he was asked to host a show in a big concert hall in Glasgow which lasted for a month. That was successful, but he didn't like it very much. It was too big and impersonal. Whereas he prefers playing for thirty children in a school hall, where he really feels he's communicating with the children.

MAGYARUL TANULNI

Néhány évvel ezelőtt találkoztam egy kedves magyar lánnyal, egymásba szerettünk, és összeházasodtunk. Elhatároztuk, hogy Magyarországon fogunk élni, így azzal a kihívással kerültem szembe, hogy amilyen gyorsan csak lehet, meg kell tanulnom a magyar nyelvet. Lehetőségem nyílt az alapokat Angliában, egy helyi esti iskolában megtanulni magyar anyanyelvű tanároktól, de a két éven keresztüli, csak heti egy óra nyelvtanulás mégsem volt túl jó megoldás. Így amikor végül Budapestre érkeztünk, az alapoknál többet nem beszéltem folyékonyan.

A few years ago I met a lovely girl from Hungary, we fell in love, and we married. We decided to live in Hungary, so I was challenged with having to learn the language as soon as possible. I had the possibility to start learning the basics of the language in England at a local evening school, from native speakers, but there was only one lesson a week for two years, which didn't seem to be very much. So when we finally came here to live in Budapest, I couldn't speak fluently, just the basics, no more.

Szerencsére Magyarországra érvén rögtön elkezdhettem dolgozni egy TV készülékeket gyártó társaságnál. Foglalkozásomat tekintve mérnök vagyok, így lehetőségem nyílt előre megállapodnom az állással kapcsolatosan, és azonnal munkába állnom. Első munkanapomon meglehetősen vicces dolog esett meg velem, mivel a személyzeti osztályon levő hölgy megkért, hogy üljek le, és nem értettem, mit mond!

Fortunately I had the possibility to begin working in Hungary as soon as I arrived, working for a company which makes television sets. I'm an engineer by profession, so it was possible to arrange the job beforehand and start straight away. There was quite a funny incident when I first arrived at work, as the woman in the personnel department asked me to sit down, and I couldn't understand her!

Később a műszaki osztályra helyeztek, ahol egy németül is beszélő idősebb kollégával dolgoztam együtt. Mivel egy kicsit én is értek németül, tudtunk egymással beszélgetni, és valamennyire magyarul is. Kezdetben nem találtak nekem semmi munkát, így annak ellenére, hogy a társaság alkalmazottja voltam, és mindennap bejártam a gyárba, nem igazán volt semmi feladatom. Nagyon jól éreztem magam, beszélgettem a kollégáimmal, behoztam magammal egy magyar-angol szótárt és az időt a magyar tudásom csiszolásával töltöttem.

They got me a place working in the technology department, where I had an older colleague who could also speak German. I speak a little German, so we could talk, and also a little bit in Hungarian. In the beginning they couldn't find anything for me to do there, so even though I was an employee of this company, and went to the factory every day, I didn't really have any function there. So I enjoyed myself, and talked to my colleagues, and I brought along my Hungarian-English dictionary and used the time to develop my Hungarian.

Fél év múlva az egyik munkatárs eltávozott az osztályról, és nekem kellett átvenni a szerepét, ami telefonálásból, levélírásból, valamint a társaság vidéken tartózkodó alkalmazottaihoz való kiutazásból és beszélgetésből állt. Számomra nehéz időszak volt, de az ott töltött időnél aligha lehetett volna jobb iskolám. Persze következetesen rengeteg hibát vétettem, de kollégáim segítettek nekem. A gyárban gyakran kellett más technikusokkal, dolgozókkal és az utasításaim szerint dolgozó személyzettel beszélgetnem. Az üzemeltetési terveket is nekem kellett kidolgoznom, és ők nagyon segítőkészen mutattak rá, és javították ki a hibáimat. Néhány ott töltött év után egészen folyékonyan beszéltem magyarul, ma pedig már képes vagyok angolról magyarra oda-vissza fordítani, és a mindennapi életben is használom a magyart. Ez mind annak a sok segítségnek köszönhető, amit ott kaptam.

After half a year, one colleague left the department, and I had to take over his job, which included telephoning, writing letters, and going to the countryside to talk to other employees of the company who were situated there. It was a very difficult time for me, but I couldn't have had a better school than the time I spent there when I arrived. Of course, I consistently made lots of mistakes, but my colleagues helped me. I often had to talk to the other technicians and the workers there in the factory, and also with the staff who were working to my instructions - I also had to prepare operational plans for them to work to, and they were very helpful to me in pointing out my mistakes and rectifying them. After a few years of working there I became fairly fluent in Hungarian, and now I am able to translate between Hungarian and English, and use Hungarian in my everyday life. But this is thanks to having received so much help.

Feleségemmel még mindig elég ritkán beszélünk magyarul, mivel ő nagyon jól és folyékonyan beszél angolul, de legtöbb barátunk magyar, így a társasági életben sokat használom a nyelvet. Néha elmegyek magyarul beszélő filmekre és színházi előadásokra, és a legtöbb ember beszédét megértem. Viszont még mindig vétek hibákat. Gyakran megpróbálok a saját nyelvemről közvetlenül fordítani szavakat és mondatokat, amik magyarul általában teljesen értelmetlenek lesznek. Lassú folyamat egy új nyelvet megtanulni, de mindig ösztönzőleg hat rám, hogy egyre több és több szót megértek, és egyre jobban tudom használni őket.

I still don't often speak with my wife in Hungarian, as she speaks English very fluently, very well, but most of our friends are Hungarian, so I use Hungarian a lot in social life. Sometimes I go to theatres and cinemas in Hungarian, and I can understand most of what the people are saying. But I still make mistakes. Very often I try to translate directly from my own language and end up making words and sentences that make absolutely no sense in Hungarian. It's a slow process learning a new language, but I'm continually encouraged as I find myself able to understand more and more words, and handle them better myself.

1. Kit vett el John?
2. Miért kellett magyarul tanulnia, amilyen hamar csak lehetséges?
3. Hol kezdte el tanulni?
4. Mik voltak azoknak a tanfolyamoknak az előnyei és hátrányai?
5. Jól tudott magyarul beszélni, amikor Magyarországra jöttek élni?
6. Mikor kezdett el Magyarországon dolgozni?
7. Milyen vicces eset történt vele az első napon?
8. Kivel dolgozott a műszaki osztályon?
9. John milyen nyelveken beszélt a munkában?
10. Mi volt különös az első munkahónapjaiban?
11. Hogy használta ki azt az időszakot?
12. Miért kellett John-nak átvennie egy másik kollégája munkáját?
13. Mit tartalmazott az a munka?
14. Mi volt különösen nehéz abban a munkában?
15. Miért hálás most már John ezért?
16. Hogy segítettek neki a kollégái?
17. Mikorra tudott folyékonyan beszélni magyarul?
18. Mire képes most?
19. Gyakran beszél a feleségével magyarul?
20. Kivel beszéli?
21. Mi a helyzet a színházzal és a mozival?
22. Most már tökéletes a magyar tudása?
23. Mi a tipikus problémája?
24. Fejlődik?
25. Miért találja a magyar tanulást ösztönzőnek?

1. Who did John marry?
2. Why did he have to learn Hungarian as soon as possible?
3. Where did he start learning it?
4. What were the advantages and disadvantages of those courses?
5. Could he speak good Hungarian when they came to live in Hungary?
6. When did he start working in Hungary?
7. What funny incident happened to him on the first day?
8. Who did he work with in the technology department?
9. Which languages did John speak at work?
10. What was peculiar about his first working months?
11. How did he use that period?
12. Why did John have to take over some other colleague's job?
13. What did that job include?
14. What was especially difficult about that job?
15. Why is John grateful for it now?
16. How did his colleagues help him?
17. When did he become fluent in Hungarian?
18. What is he able to do now?
19. Does he often speak with his wife in Hungarian?
20. Who does he speak it with?
21. What about theatre and cinema?
22. Is his Hungarian perfect now?
23. What is his typical problem?
24. Is he improving?
25. Why does he find learning Hungarian encouraging?

1. Gyakorlat

Néhány évvel ezelőtt John találkozott egy kedves magyar lánnyal, egymásba szerettek és összeházasodtak. Elhatározták, hogy Magyarországon fognak élni, így amilyen gyorsan csak lehetett, meg kellett tanulnia magyarul. Lehetősége nyílt az alapokat Angliában megtanulni magyar anyanyelvű tanároktól, de két éven keresztül csak heti egy órája volt. Így amikor végül Budapestre érkeztek, nem tudott folyékonyan beszélni, csak az alapokat, nem többet.

Training 1

A few years ago John met a lovely girl from Hungary, they fell in love, and married. They decided to live in Hungary, so he had to learn the language as soon as possible. He had the possibility to start learning the basics of the language in England from native speakers, but there was only one lesson a week for two years. So when they finally came to live in Budapest, he couldn't speak fluently, just the basics, no more.

2. Gyakorlat

Szerencsére amint megérkezett, rögtön lehetősége volt, hogy dolgozni kezdjen egy TV készülékeket gyártó társaságnál. Foglalkozását tekintve mérnök, így lehetősége volt előre megállapodni az állással kapcsolatban, és azonnal munkába állt. Volt egy meglehetősen vicces eset, amikor a személyzeti osztályon levő hölgy megkérte John-t, hogy üljön le, és nem értette, mit mond!

Training 2

Fortunately he had the possibility to begin working as soon as he arrived, working for a company which makes television sets. He's an engineer by profession, so it was possible to arrange the job beforehand and start straight away. There was quite a funny incident when the woman in the personnel department asked John to sit down, and he couldn't understand her!

3. Gyakorlat
A műszaki osztályon kapott állást, ahol egy németül is beszélő kollégával dolgozott. Így tudtak németül és egy kicsit magyarul is beszélni. Kezdetben nem találtak neki semmi munkát, így nem igazán volt semmi feladata. Így jól érezte magát, beszélgetett a kollégáival, és az időt a magyar tudásának fejlesztésével töltötte.

Training 3
They got him a place in the technology department, where he had a colleague who could also speak German. So they could talk in German, and also a little bit in Hungarian. In the beginning they couldn't find anything for him to do, and he didn't have any function there. So he enjoyed himself, talked to his colleagues, and used the time to develop his Hungarian.

4. Gyakorlat
Fél év múlva az egyik munkatársa eltávozott az osztályról, és John-nak kellett átvenni a munkáját, ami telefonálásból, levélírásból, valamint a társaság vidéken tartózkodó alkalmazottaihoz való kiutazásból és beszélgetésből állt. Nehéz időszak volt ez neki, de az ott töltött időnél aligha lehetett volna jobb iskolája. Persze következetesen rengeteg hibát vétett, de kollégái segítettek neki rámutatni a problémáira és kiigazították őket.

Training 4
After half a year, one colleague left the department, and John had to take over his job, which included telephoning, writing letters, and going to the countryside to talk to other employees of the company. It was a very difficult time for him, but he couldn't have had a better school. Of course, he consistently made lots of mistakes, but his colleagues were very helpful to him in pointing out his mistakes and rectifying them.

5. Gyakorlat

Néhány ott töltött év után John egész folyékonyan beszélt magyarul, ma pedig már képes angolról magyarra oda-vissza fordítani, és a mindennapi életben is használja a magyart. A legtöbb barátjuk magyar, így a társasági életben sokat használja a nyelvet. Viszont még mindig vét hibákat. Lassú folyamat egy nyelvet megtanulni, de mindig ösztönzőleg hat rá, hogy egyre több szót megért, és egyre jobban tudja használni őket.

Training 5

After a few years of working there John became fairly fluent in Hungarian, and now he is able to translate between Hungarian and English, and use Hungarian in his everyday life. Most of his friends are Hungarian, so he uses Hungarian a lot in social life. He still makes mistakes, though. It's a slow process learning a language, but he's continually encouraged as he is able to understand more words, and handle them better himself.

TÉLI TÖRTÉNET

A következő történet 1996 januárjában esett meg. Norman barátom meghívta testvéremet és engem, hogy születésnapján látogassuk meg Devonban, mivel egy partit ad egy otthonához közeli hotelben. Minthogy még tartottak a karácsonyi szabadság utolsó napjai, otthon voltam a szüleimmel, és a bátyámmal az utazásra készülődtünk. Elsőként sütöttünk Normannek egy hatalmas szülinapi csokitortát krémmel a tetején, majd összecsomagoltunk minden olyan holmit, amire szükségünk lehet az utazás során. Apánktól kölcsönkértük az autót, és bepakoltuk hangszereinket. Bátyám a skót dudát, a dobját, a hegedűjét és a brácsáját hozta, én pedig csak a hegedűmet, mivel egyedül azon játszom. Úgy gondoltuk, hogy biztosan szükségünk lesz rájuk, mivel Norman lelkes zenész, akárcsak jómagunk. Hálózsákjainkat is bepakoltuk, mivel az ünneplés két napos bulinak ígérkezett. A kocsival nehézkesen haladtunk, mert erősen havazott, rosszak voltak a látási viszonyok, és néhány út nagyon kanyargós és szeles volt.

The following story took place in January, 1996. My friend Norman invited my brother and me to visit him in Devon, as it was his birthday and he was holding a party at a hotel near his home. I was staying at home with my parents at the time, as it was the end of the Christmas holiday. So we prepared to leave, first making a huge chocolate cake with cream on top for Norman's birthday, and then packing all of the things that we would need for the trip. We borrowed a car for the journey from our father, and packed our instruments, which we thought we might need as Norman is a very enthusiastic musician, like ourselves - my brother brought his bagpipes, his drum, his violin and his viola, and I just brought my fiddle as I only play the fiddle - and packed our sleeping bags, as it was to be a two-day party. It was a very slow journey, as it was snowing heavily, so visibility was low, and some of the roads were very twisty and windy.

Végül sötétedés előtt csak odaértünk. A buli helyszíne egy nagy és modern szálloda volt, aminek csodálatos vegetáriánus étterme volt.

A hotel szeminárium központként is szolgált, így számtalan nagy szemináriumi terem volt benne. Ezek közül az egyikben gyűltünk össze. Norman néhány emberrel már ott volt, páran már zenéltek is. Valaki gongon játszott, néhányan doboltak, egy férfi pedig a padlón ülve didgeridoo-n játszott, és az egész nagyon jól szólt együtt. Szóval mi is előszedtük a hangszereinket, és beszálltunk. Egy jó kis zenélés után lementünk az étterembe, és elfogyasztottuk finom vacsoránkat, közben újabb vendégek érkeztek. Evés után folytattuk a zenélést, és reggel 4 óráig abba se hagytuk. A terem, ahol voltunk, elég nagy volt, így mindannyian a padlón aludtunk a hálózsákjainkban.

Eventually, however, we got there, and it was still light when we arrived. The place where the party was being held was a large modern hotel which also had a wonderful vegetarian restaurant. It also served as a seminar centre, so there were several large seminar rooms there, and it was in one of these that we gathered. Norman was already there, as were some other people, some of them playing instruments. Someone was playing a set of gongs, a few people were playing drums, and one man was sitting on the floor playing a didgeridoo, and it sounded good, so we got out our instruments and joined in. After some nice music, we went down to the restaurant and had a delicious meal, and some other guests arrived. We resumed playing again after eating, and didn't stop until about four in the morning. It was a big room, and we all slept there on the floor in our sleeping bags.

Másnap reggel haza akartam menni Londonba, mert néhány egyetemi munkámat még el akartam készíteni. Bátyám azonban maradni akart még egy napot, így megkérdeztem néhány embert a partin, hogy elvinnének-e. Találtam is egy társaságot, akik egy kilencüléses Volkswagen minibusszal éppen Londonba mentek.

The next morning I wanted to return to London to prepare some work for University, but my brother wanted to stay another day, so I asked the other people at the party and found some people who were going to London in a Volkswagen minibus, one of these small nine-seaters.

Először Normanhoz hajtottunk felszedni néhány dolgot, ám nekem úgy tűnt, mintha évekig tartott volna, mire mindenki indulásra készen állt. Azt hiszem, fél 4-kor indultunk el onnan, tehát elég későn. Aztán még el kellett menni a közelben egy másik házhoz, elhozni valamit az egyik velünk utazó ausztrál fickónak, aki egyébként Londonban él. Ez ismét egy órát, vagy talán még többet is igénybe vett, mivel a nagy hó miatt nagyon lassan tudtunk áthajtani a városon. De végül rátértünk a Londonba vezető útra.

First we drove to Norman's to pick up some things, and it seemed to take ages hanging around there before everybody was ready to go - I think it was half past four by the time we left- and so we left quite late. Then we had to go to another house nearby to collect something for an Australian guy who was travelling with us, who lives in London, and this also took an hour or so as it was a very slow drive through some heavy snow. But eventually we got on the road to London.

Úgy tűnt, hogy a sötétség, a hideg és a havazás ellenére normális hazautazásnak nézünk elébe. De körülbelül 30 mérföld után, néhány autó megelőzött minket, mivel elég lassan mentünk. Aztán bizonyára egy kis jég vagy csonthó csapódott az egyik aljához, mert valami a szélvédőnknek repült, és összetörte.

It seemed like just a normal journey back, if rather dark and cold and snowy. But after about thirty miles, as we were travelling homeward, some cars overtook us, as we were going quite slowly, and there must have been some ice or hard snow attached to the bottom of one of the cars which had come loose, because something flew towards the windscreen and it smashed.

Akkora hanggal járt, hogy mindannyian megijedtünk. Én a kocsi hátuljában feküdtem. A furgon szabályozható üléseit egészen vízszintesre le lehetett hajtani, és ágyakat készíteni belőlük. Ezt meg is tettük, s öten közülünk hátul feküdtek a hálózsákukban, mert az olyan hideg volt, hogy nem működött a fűtés, a többi három ember pedig elöl ült. Az autó lemezjátszóján éppen valami zenét hallgattunk, amikor hirtelen jött ez a hangos csattanás, és láttuk, ahogy a szélvédő összetört. Középen hosszú üvegcserepek voltak, a külső része pedig apró darabokra tört, így a vezető nem sokat láthatott.

We were so shocked, there was such a loud noise. I was lying in the back of the van. The seats of the van could be adjusted to drop down flat and make beds, so we had put them all down and five of us were lying down in the back in our sleeping bags, because it was so cold as the heating didn't work, and the other three sat in the front. We were listening to some music on the car stereo and suddenly this loud crashing noise came, and we saw that the windscreen had smashed. In the centre of the windscreen there were long shards of glass, and at the outside it had broken into many tiny cubes, so the driver couldn't really see anything.

Lehajtottunk a főútról, és minden kis üvegdarabot kilöktünk a szélvédőből, belülre pedig egy takarót tettünk, hogy semmiféle üveg ne essen bele az autóba. Néhány ember, aki elhajtott mellettünk, és látta, hogy bajban vagyunk, megállt, és megkérdezte, hogy szükségünk lenne-e segítségre. Megkérdeztük, hogy tudnak-e adni valamit a kocsi elejére, mire adtak egy műanyag leplet, amit végül nem használtunk fel. Ha a szél újra föltámad veszélyes lett volna, mivel belefújta volna a ponyvát a vezető arcába. Aztán megkérdeztük, hogy hol a legközelebbi garázs. Elmagyarázták nekünk, majd elbúcsúztunk tőlük.

So we pulled off of the main road and pushed all of the little pieces of glass outside, placing a blanket inside so no glass could fall into the car. Some people driving by saw that we were in trouble, stopped and asked if we needed some help, so we asked them if they had anything to put on it, and they gave us a sheet of clear plastic, but eventually we decided not to use it as the wind would just blow it off again, and if it went into the driver's face it could be dangerous. We asked them if they knew where the next garage was, they told us, and we bade them good-bye.

Amikor a 10 mérföldnyire levő garázshoz értünk, csalódottan láttuk, hogy vasárnap este lévén zárva van. Ez nagy pech volt számunkra, mert speciális Volkswagen garázs volt, s ha nyitva lettek volna, valószínűleg lett volna új szélvédőjük számunkra. Mivel zárva tartottak, egy ottani telefonon felhívtuk az AA - azaz az Automobile Association - autósegély szervizt, aminek sofőrünk is tagja volt. És azt mondták nekünk: "Ki tudunk küldeni néhány embert, hogy feltegyenek egy műanyag leplet a szélvédőre." "Nem, köszönjük. Minden rendben" - mondtuk. - "Meg tudjuk oldani magunk is."

When we arrived at the garage, which was about ten miles further along the road, we were disappointed to find that it was closed, because it was Sunday evening. That was bad luck, because it was a special Volkswagen garage, and had they been open we probably could have got a new windscreen there. Nevertheless, it was closed, but there was a telephone there, so we called an emergency car service, the AA, or Automobile Association, which the driver was a member of, and they told us, "We can send some people out to put a sheet of plastic over the windscreen". We said, "No, it's okay, we can do that by ourselves, thanks".

Így hát egészen Londonig szélvédő nélkül utaztunk. Még hálózsákban is borzasztó hideg volt. Úgy próbáltunk egy kis energiához jutni, hogy sok csokit ettünk, de nem igazán segített. Fagy volt. Szerencsére, amikor a külvárosba értünk, felhívtam az egyik közelben lakó nagynénémet, aki azt mondta, hogy jöjjünk azonnal vele. A nagy garázsába be tudtuk tenni a buszt egy vagy két napra, amíg Richard, a sofőr talált valakit, aki meg tudta javítani a szélvédőt. Mi pedig bementünk, leültünk a tűz mellé, videóztunk, sok-sok forró teát ittunk és ott töltöttük az éjszakát. A hosszú, fagyos utazás után olyan kellemes volt bent lenni a melegben!

So we drove all the way to London with no windscreen. It was really cold, even in our sleeping bags. We ate a lot of chocolate to try to get some energy, but it didn't really help. It was freezing. Luckily, when we got to the outskirts of the city, I phoned an Aunt of mine who lives near there and she told us to come straight away. She has a large garage, so we could put the bus there for one or two days until Richard, the driver could find somebody to fix the windscreen, and we went in and sat by the fire, watched videos and drank a lot of hot tea, and stayed there for the night. It was so nice to be inside in the warm after such a long cold journey!

1. Mikor játszódik ez a történet?
2. Hová hívták meg John-t és a bátyját?
3. Mit készítettek Norman születésnapjára?
4. Kitől kérték kölcsön az autót?
5. Miért tették be a hangszereiket is?
6. Időben érkeztek meg a partira?
7. Mi zajlott éppen, amikor megérkeztek?
8. Milyen hangszeren játszottak éppen Norman vendégei?
9. Mit csinált John és a bátyja?
10. Mit csináltak mindnyájan egy kis zenélés után?
11. Játszottak még valami zenét azon az estén?
12. Hol aludtak mindnyájan?
13. Miért akart John másnap reggel elmenni?
14. Miért nem tudott elmenni az apja kocsijával?
15. Kit talált, hogy megoldja a problémát?
16. Miért mentek el olyan későn?
17. Mi történt az úton kb. harminc mérföld után?
18. Mit csinált abban a pillanatban a legtöbb utas?
19. Miért kellett lehúzódniuk az útról?
20. Mit adtak nekik a mellettük elhaladó emberek?
21. Miért nem akarták először a műanyaglepelt használni?
22. Miért nem tudták a szélvédőt kicseréltetni?
23. Mit kellett végül csinálniuk?
24. Milyen volt a londoni utazásuk?
25. Mit kellett csinálniuk, amikor London külvárosába értek?

1. When did this story take place?
2. Where were John and his brother invited?
3. What did they make for Norman's birthday?
4. Who did they borrow a car from?
5. Why did they pack their instruments, too?
6. Did they get to the party on time?
7. What was going on when they arrived?
8. Which instruments were Norman's guests playing?
9. What did John and his brother do?
10. What did they all do after some music?
11. Did they play some more music that night?
12. Where did they all sleep?
13. Why did John want to leave the next morning?
14. Why couldn't he go in his father's car?
15. Who did he find to solve the problem?
16. Why did they leave so late?
17. What happened after about thirty miles on the road?
18. What were most of the passengers doing at that moment?
19. Why did they have to pull off the road?
20. What did the people passing by give them?
21. Why didn't they want to use the plastic sheet at first?
22. Why couldn't they have the windscreen changed?
23. What did they have to do in the end?
24. What was their journey to London like?
25. What did they have to do when they got to the outskirts of London?

1. Gyakorlat

1996 januárjában Norman meghívta John testvérét és John-t a születésnapi partijára egy devon-i hotelbe. Így sütöttek Normannek egy hatalmas szülinapi csokitortát krémmel a tetején, majd összecsomagoltak minden olyan holmit, amire szükségük lehet az utazás során. Bepakolták a hangszereiket, mivel Norman lelkes zenész, akárcsak jómaguk. Nagyon lassan haladtak, mert erősen havazott, és néhány út nagyon kanyargós és viharos volt.

Training 1

In January, 1996 Norman invited John's brother and John to his birthday party at a hotel in Devon. So they made a huge chocolate cake with cream on top for Norman's birthday, and then packed all of the things for the trip. They also packed their instruments, as Norman is a very enthusiastic musician, like themselves. It was a very slow journey, as it was snowing heavily, and some of the roads were very twisty and windy.

2. Gyakorlat

Amikor végül odaértek, Norman néhány emberrel már ott volt. Valaki gongon játszott, néhányan doboltak, így ők is előszedték a hangszereiket, és beszálltak. Egy kis zenélés után lementek az étterembe, és elfogyasztottak egy finom vacsorát. Evés után folytatták a zenélést, és reggel négy óráig abba se hagyták. A terem, ahol voltak, elég nagy volt, és mindannyian a padlón aludtak a hálózsákjukban.

Training 2

When they eventually arrived, Norman and some guests were already there. Someone was playing a set of gongs, a few people were playing drums, so they got out their instruments and joined in. After some nice music, they went down to the restaurant and had a delicious meal. They resumed playing again after eating, and didn't stop until about four in the morning. It was a big conference room, and they all slept there on the floor in their sleeping bags.

3. Gyakorlat

Másnap reggel John haza akart menni Londonba, a bátyja azonban maradni akart még egy napot. Így John talált egy társaságot, akik egy minibusszal éppen Londonba mentek. Úgy tűnt, hogy a sötétség, a hideg és a havazás ellenére normális hazautazásnak néznek elébe. De körülbelül 30 mérföld megtétele után néhány autó megelőzte őket, és valami a szélvédőnek repült és összetörte.

Training 3

The next morning John wanted to return to London, but his brother wanted to stay another day. So John found some people who were going to London in a minibus. It seemed like just a normal journey back, if rather dark and cold and snowy. But after about thirty miles, some cars overtook them, and something flew towards the windscreen and it smashed.

4. Gyakorlat

A szélvédő közepén hosszú üvegcserepek voltak, a külső része pedig apró darabokra tört, így a vezető nem igazán látott semmit. Így lehajtottak a főútról. Néhány ember, aki elhajtott mellettük, és látta, hogy bajban vannak, megállt, és adtak egy műanyag leplet. Elmondták nekik, hol a legközelebbi garázs, de mikor megérkeztek a garázshoz, zárva volt.

Training 4

In the centre of the windscreen there were long shards of glass, and at the outside it had broken into many tiny cubes, so the driver couldn't really see anything. So they pulled off of the main road. Some people driving by saw that they were in trouble, stopped and gave them a sheet of clear plastic. They told them where the nearest garage was, but when they arrived at the garage, it was closed.

5. Gyakorlat

Így hát egészen Londonig szélvédő nélkül utaztak, helyette egy műanyag leplet kellett feltenniük. Borzasztó hideg volt. Szerencsére, amikor a külvárosba értek, John felhívta az egyik közelben lakó nagynénjét. Bementek, leültek a tűz mellé, sok-sok forró teát ittak és ott töltötték az éjszakát. A hosszú, fagyos utazás után olyan kellemes volt bent lenni a melegben!

Training 5

So they drove all the way to London with no windscreen, they had to put a sheet of plastic instead. It was freezing. Luckily, when they got to the outskirts of the city, John phoned an Aunt of his who lives near there. They went in and sat by the fire, drank a lot of hot tea, and stayed there for the night. It was so nice to be inside in the warm after such a long cold journey!

ÚJ REMÉNYSUGÁR

A középiskola befejezése után nem tudtam főiskolán folytatni tanulmányaim, mert nem kaptam elég jó érettségi osztályzatokat. Látáskárosult vagy fogyatékos gyerekekkel foglalkozó tanár szerettem volna lenni, de mivel nem nyerhettem felvételt a főiskolára, súlyosan értelmi fogyatékos gyerekek gondozóotthonában kezdtem el dolgozni. Ekkor találkoztam egy látás- és halláskárosult fiúval, aki szinte teljesen vak volt és süket, és gondolkodni kezdtem: "Mennyire érzékelheti ez a fiú a körülötte lévő világot?" Éreztem, hogy ha senki nem fogja őt tanítani, akkor soha nem is fog megtanulni semmit, nem lesz képes kapcsolatba kerülni a világgal, és nem fog kikerülni abból a nagyon zárt és elszigetelt állapotból. A körülötte lévő világból érthetően semmi nem érdekelte, amit megértettem, hiszen nem láthatott vagy hallhatott belőle semmit.

When I finished high school, I couldn't go on to college to continue my studies, as I didn't obtain good enough grades in my O-levels. I wanted to learn to be a teacher for vision-impaired or handicapped children, but as I couldn't gain admittance to college I started working in a health-care home for deeply mentally retarded children. Whilst there, I met a boy who was vision-impaired and hearing-impaired, almost completely deaf and blind, and I started thinking: "How much can this boy feel from the world around him?". I felt that if nobody would teach him, he would never really start to learn anything, never be able to really interact with the world, and never come out of his very closed, isolated state. He wasn't interested at all in the world around him, which I could understand, as he couldn't see or hear anything of it.

Később már megengedhettem magamnak, hogy beiratkozzam egy speciális helyzetekre tanárokat képző iskolába, ahol látáskárosult és értelmi fogyatékos gyerekek tanítására alkalmas különleges módszereket kezdtem el tanulni. A tanfolyam harmadik és negyedik évére új pedagógus érkezett az Egyesült Államokból az iskolába, aki találni akart néhány embert, akiket különösen érdekelnek a süket/vak emberek. Engem nagyon érdekelt, csakúgy mint az egyik munkatársamat. A szellemi fogyatékos gyerekeknek fenntartott speciális gondozóotthonokat meglátogatva elkezdtük körbejárni az országot, próbáltunk más süket/vak embereket találni, és együtt dolgoztunk ezzel az amerikai nővel, aki segített felfedezni néhány új módszert a vakok és süketek tanítására.

Later, I was able to afford to go to a training college for special needs teachers, and there I started to learn special techniques for teaching vision-impaired people, and for teaching mentally retarded children. For the third and fourth years of the course, a special educator came from the US who wanted to find some people who were interested in the deaf/blind topic. I was very interested in that, as was one of my colleagues. We started to go around the country visiting special health-care homes for mentally retarded children, and tried to find other deaf/blind people, and we worked with this American woman, who helped us to discover teaching methods for the deaf/blind.

Tudtam, hogy Budapesten működik egy katolikus iskola vakok részére, és a tanítóképző befejezése után ellátogattam oda. Találkoztam egy vak és süket budapesti kisfiúval, akinek tanárra lett volna szüksége, így odamentem, és dolgozni kezdtem vele. Ez idő alatt megismertem néhány látását és hallását vesztett gyereket és felnőttet, és szereztünk néhány támogatót, akik segítségével megszervezhettük a segítségnyújtás néhány módját nekik és családjuk számára. Nyári táborokat szerveztünk a gyerekek és családjaik számára, és megpróbáltunk tolmácsokról gondoskodni, hogy bizonyos esetekben, amikor szükséges, rendelkezésükre álljanak, például ha egy irodába vagy hajvágásra kell menniük, stb... Megpróbáltunk jobb intézményt találni nekik, a legjobbat, ahol foglalkoznak velük.

I knew that there is a Catholic school for the blind in Budapest, and after finishing the college I visited it, and found there a deaf/blind boy from Budapest who needed a teacher, so I went there and started to work with him. During the same period, I met some more children and adults who had lost their sense of sight and hearing, and we got some support to organize ways of trying to help them and their families. We organized summer camps, for the children and their families, and tried to arrange for interpreters to be available when needed, for example, for when they needed to go to an office, or for a haircut, for things like that. Also, we tried to find better institutions for them, to find the best places for them to be trained.

Amikor kommunikálni tanítjuk a gyerekeket, először megpróbálkozunk a természetes gesztusok alkalmazásával és a süketek által használt jelbeszéddel. Mivel kezdetben nem értik, mi helyezzük különféle tartásokba a kezüket, és mutatjuk meg a jeleket. Az evés jele például a száj érintése, így amikor ezt akarjuk jelezni, megfogjuk az illető kezét, és együtt megérintjük a száját, aztán pedig ehet valamit. Később már nincs szüksége a tanár kezére, s amikor enni akar valamit, meg tudja mutatni a gesztust egyedül is. Így tanítjuk őket gesztusról gesztusra. Az ivás jelénél úgy kell tenned, mintha egy poharat tartanál, és a tartalmát a szádba öntenéd, az alvást pedig a fej alá tett kezek, mint párnák szimbolizálják. Egy másik példa: egyik tanítványom nagyon szereti a hagymát, aminek elég jellegzetes szaga van. Tehát a hagyma jele az, hogy a kezével legyezget az orra előtt, és így próbálja meg jelképezni, hogy érez valamilyen szagot.

For teaching the children to communicate, we first try to use natural gestures, and the sign-language that the deaf use. However, as they can't see, we hold their hands in the different positions, making the gestures through their hands, holding their hands and making the signs with them. For example, the sign for eating is touching the mouth, so to communicate about eating, first we hold the deaf/blind person's hand, and together touch his or her mouth. Then he can have a snack, or something like that. Later on, he doesn't need to have the teacher's hand there, he can do the gestures alone, when he wants to have a snack, for example. We teach them in this way, gesture by gesture. The gesture for drinking is pretending to hold a cup and pouring it into the mouth, and the one for sleeping is putting the hands underneath the head like a pillow. Another example - one of my students likes very much to eat onions, which smell very much so the sign for an onion is turning the hand before the nose, to try to symbolize smelling something.

Szóval, ezeket az alap dolgokat tanulják meg először, és később, ha ügyesek, megtanulhatják a vakok speciális írását, a Braille írást, amit az ujjhegyeikkel tudnak elolvasni. Amikor pedig megtanulták, képesek egyaránt írni és elolvasni. Tanítványaim egyike épp most kezdte el tanulni a Braille-t. Nagyon szereti az almát és a sajtot. Vannak olyan kártyáink, amin betűk és jelek vannak, és minden betű jelöl valamit, ami azzal a betűvel kezdődik. Bevezettük, hogy az A betűt az alma-kártya segítségével, amit meg kell találnia, ha a tanítványom egy almát akar enni. Amikor sajtot akar enni, meg kell találnia a megfelelő kártyát, és ha mindkettőt, akkor mindkét kártyát ki kell választania. A későbbiek folyamán olyan kártyákat vezetünk be, amin rövid szavak vannak. Ezzel olyan szavakat kell kitalálnia, mint asztal, szék, osztály, ablak és hasonlók. El kell olvasnia a kártyát, aztán odamennie a táblához, az ablakhoz, vagy bármihez. Az első szakaszban csak betűink voltak, és mindegyiknek volt valami jelentése - A=alma, B=ballon, stb... Ez egy teljesen vak gyerekeknek való módszer. Néhány tanítványnak részleges vagy visszatérő látása van, így ők nagy betűkkel írt szövegből tudnak tanulni, és a normál ABC-t használva meg tudják tanulni a rendes írást és olvasást.

So these basic things are learnt first, and later on, if they are clever, they can learn Braille, which is special writing which blind people can read with their fingertips. When they've learned this, they are able to read and write. One of my students has just started to learn Braille. He very much likes to eat apples and cheese. We have cards with letters and signs on them, and we begin with each letter being represented by something which starts with that letter, so we introduce the letter A with the apple card, which he has to find if he wants to eat an apple. When he wants to eat cheese, he must find the C card, which means cheese, and when he wants cheese and apple together he picks both of them. Later on, we introduce cards with small words on them. With these, he finds out the words for the table, the chair, the classroom, the window, and things like this. He has to read the card, and then go to the table, the window, or whatever. But for the first stage, we just have letters, with every letter meaning something - A for apple, B for balloon, C for cheese, etc. This is the method for completely blind children. Some have some partial, or "restive" vision, so they can learn with large print, learning normal writing and reading using the normal alphabet.

Ha valaki idősebb korára válik süketté/vakká, különféle módszereket tudunk alkalmazni. Ha előtte vak volt, akkor bizonyára már megtanulta olvasni a Braille-írást, és tud beszélni, így lényegesen könnyebb dolga van. Van egy különleges módszerünk a Braille-betűk kézzel való "leírására". Az illető ujjait különböző pozíciókba tesszük, s így mindegyikkel egy betűt fejezünk ki, hogy ily módon tudjunk kommunikálni velük. Azok az emberek, akik süketek voltak mielőtt elvesztették a látásukat, ismerik a süketek jelbeszédét, tehát tudnak ezúton kommunikálni, és kezével jeleket mutatva a tolmács is tud "beszélni" hozzájuk. Süket/vak felnőttek rendszerint akkor is le tudják olvasni a jelet, ha csak alig érintik a tolmács kezeit, és figyelik a mozdulatokat. Meg tudják tanulni a Braille-írást is, vagy a kézi ABC-t, amiben minden betűnek külön kézjele, azaz külön kéztartása van. Úgy tudják leolvasni a jeleket, hogy előre tartják a kezüket, és megérintik a tolmács által a tenyerükkel szemben mutatott jeleket. Hamarosan nagy jártasságot szereznek az egyes jelek érzékelésében.

If they became deaf/blind when they were older we can use different methods. If they were blind before, they may have already learned to read Braille, and they can speak, so it's much easier. We have a special method to "write" Braille letters into their hands, by putting fingers onto different positions of the hand, with each position signifying a different letter, in order to communicate to them. Those people who were deaf before they lost their sight mostly already know the sign-language of the deaf, so they can use that to communicate, and to speak to them the interpreter makes the signs with their hands. Deaf/blind adults can often read the signs by lightly touching the interpreter's hands and watching the way they move. They can also learn Braille, or they can learn the manual alphabet, in which every letter has a different hand signal, a different way of holding the hands. They can read this by holding out their hand, with the interpreter touching the symbols against their palms. They soon become familiar with the feeling of each sign.

Ismerek egy férfit, aki születésekor egészségileg teljesen normális kisgyerek volt, de 6 éves korában megvakult. Azelőtt is voltak problémái a szemével, de megoperálták, és ez javulást eredményezett. Ám hatévesen, egy újabb operáció után ismét elvesztette a látását, és teljesen megvakult. Elment tanulni a vakok iskolájába, aztán annak elvégzése után beiratkozott egy különleges tanfolyamra, ahol telefonközpontosnak tanítják ki a résztvevőket. Tudod, ő az, akit felhívsz, és azt mondod: "Helló, kapcsolná, kérem, a 167-34-77-et?", vagy valami ilyesmi. Ez gyakori formája a vak emberek alkalmazásának. Szóval végezte a munkáját, szabadidejében pedig szeretett különféle rádióadókat hallgatni, és összehasonlítani a híreket a különböző csatornákon. Aztán problémák adódtak a hallásával is, így elektronikus hallókészüléket kapott, amivel egy ideig tisztán hallott, de 35 éves korában teljesen elvesztette a hallását. Ott kellett hagynia az állását, és elment egy speciális intézetbe. Nagyon szomorú volt, mert nem tudta, hogy ezek után mit csináljon, és hogyan éljen.

I know a man who was a normal child when he was born, but lost his sight at the age of six. Before that he had some problems with his vision, but he had an operation on his eyes which helped to correct them, but when he was six, after another operation, he lost his sight altogether, and so became totally blind. He went to the school for the blind to study, and after finishing school he went on a special course to learn to work at a telephone operating exchange - you know, where you can call and say, "Hi, can you put me through to 1673477?" or something like that. This is a common form of employment for blind people. So, he was doing that as work, and in his free time he liked to listen to different channels of the radio, comparing the different ways of presenting the news on different channels. He started to have some problems with his hearing, so he got an electronic hearing-aid, with which he could hear clearly for a while, but when he was thirty-five years old he lost his hearing altogether. He had to leave his job, and he went to a special institution. He got very depressed, as he didn't know what to do next, or how to live.

Most azonban új reménysugár jelent meg, mivel májusban lesz egy operációja, amikor kap egy "fülcsiga-implantátum" nevezetű készüléket, melyből elektródák kapcsolódnak a fülben levő, a hallásért is felelős idegekhez. Ezek az elektródák különböző jeleket küldenek az idegeknek. Az idegek, attól függően, hogy mennyi hangjel érkezik be hozzájuk, továbbítják őket az agynak. Az effajta, meglehetősen új rendszerű hallókészülékkel az emberek újra képesek hallani, és egy idő múlva kezdik megérteni vele az emberi beszédet. Így talán egy kis idő elteltével ő is képes lesz megérteni a rádiót és a többi dolgot is. Most már valóban izgatott, és várja az operációt, de egy kicsit aggódik amiatt, hogy utána mennyire fog majd hallani. Reméljük a legjobbakat!

However, there is now a new hope, as in May he will have an operation, to receive a special kind of hearing aid called a cochlea implant, in which electrodes are attached to the nerves in the ear which are responsible for hearing. These electrodes give different signals to the nerve, depending on how much audio input they receive, which are transmitted by the nerves to the brain. With this kind of hearing-aid, which is quite a new system, they can hear again, and after a while getting used to it people can understand speech, so maybe after some time he will be able to understand the radio, and things like that. So, he's really excited now, as he's waiting for this operation, and also a bit nervous about how much he'll be able to hear. We're hoping for the best.

Már voltak sikereink ezekkel a hallókészülékekkel. Találkoztam egy 24 éves lánnyal, aki 18 évesen vesztette el hallását. Neki már két éve van ilyen implantátuma, és ma már egészen jól érti a

119

beszédet, és meghallja, ha jön valaki. Csak az egyik fülével hall, mivel a meglehetősen komoly és költséges beavatkozás miatt nem tettek mindkét fülébe implantátumot. A későbbiek során azonban a másik oldalon gyakran magától visszajön a hallás bizonyos mértékig, ahogy az idegek újra dolgozni kezdenek. Természetesen ez attól függ, hogy a fül melyik részével van a probléma.

We've already had some success with these hearing-aids. I met a twenty-four year old girl who lost her hearing when she was eighteen. She's had this implant for two years, and now she can understand speech quite well, and can hear when somebody is coming. She can only hear in one ear, as they don't put them in both ears as it's quite a big, expensive operation, but later on, it often happens that the hearing on the other side comes back a bit by itself, that the nerve starts to work again. It depends, of course, in which part of the ear the problem is.

A beültetés olyan gyerekeknél is alkalmazható, akik azelőtt sohasem hallottak. Szakértők szerint súlyosan halláskárosult vagy süket gyerekek esetében célszerűbb a beavatkozást nagyon fiatalkorban - egy vagy két évesen - elvégezni, így a többi gyerekkel együtt tanulhatnak meg beszélni. Ilyen gyerekekkel azonban még nem találkoztam, csak újságcikkekben és könyvekben olvastam róluk.

The implants can also be used by children who have never been able to hear before. Now experts think that in badly hearing impaired or deaf children it's better to have this kind of implant when they are very young, one or two years old, so that they can learn speech together with other children. I've never met such a child, I've only read about them in articles and books.

1. Miért nem tudott Helen főiskolára menni a középiskola után?
2. Mi akart lenni?
3. Hol kezdett dolgozni?
4. Kivel találkozott, amíg ott dolgozott?
5. Milyen érzései voltak azzal a fiúval kapcsolatban?
6. Hová ment, hogy a tanulmányait folytassa?
7. Kit keresett a speciális pedagógus?
8. Voltak olyanok, akiket érdekelt a süket/vak téma?
9. Hogy tanította őket a hölgy, aki a süket/vak módszertant tanítja?
10. Kivel kezdett el Helen dolgozni a főiskola után?
11. Mit szerveztek a süket/vak embereknek?
12. Mi mást próbáltak megtenni, hogy segítsenek nekik?
13. Mit használnak a tanárok, hogy a süket/vak embereket megtanítsák kommunikálni?
14. Miért nem taníthatják őket ugyanolyan módon, mint ahogy a süketeket?
15. Mit csinálnak a tanárok, hogy megmutassák a gyerekeknek a jeleket?
16. Mik a tipikus kézmozdulatai ennek a nyelvnek?
17. Mit tanulhatnak meg később ezek a gyerekek?
18. Mit csinálhatnak a gyerekek, miután megtanulták a Braille-t?
19. Hogy tanítják meg a Braille-t a süket/vak embereknek?
20. Miért könnyebb olyan emberekkel dolgozni, akik később váltak süket/vakká?
21. Mi lehet az új reménysugár a süket/vak embereknek?
22. Hogy tudják az implantátumba beépített elektródák helyrehozni a hallást?
23. Meg fogja érteni a beszédet az operáció után az operált?
24. Miért nem lehet implantátum mindkét fülben?
25. Melyik a legjobb idő a süket/vak gyerekek operálására?

1. Why couldn't Helen go on to college after high school?
2. What did she want to be?
3. Where did she start working?
4. Who did she meet while working there?
5. What did she feel about that boy?
6. Where did she go to continue her studies?
7. Who did the special educator look for?
8. Were there any people interested in deaf/blind topic?
9. How did the woman teach them teaching methods for the deaf/blind?
10. Who did Helen start to work with after the college?
11. What did they organize for deaf/blind people?
12. What else did they try to do to help them?
13. What do teachers use to teach the deaf/blind to communicate?
14. Why can't they teach them in the same way as they do with the deaf?
15. What do teachers do to show the children the signs?
16. What are some typical gestures of this language?
17. What can these children learn later?
18. What can children do after they have learned Braille?
19. How do they teach Braille to the deaf/blind?
20. Why is it easier to work with the people who became deaf/blind later?
21. What can be a new hope for the deaf/blind?
22. How can the electrodes in the implant restore hearing?
23. Will the operated start to understand speech after the operation?
24. Why can't you have an implant in both ears?
25. When is the best time to operate deaf/blind children?

1. Gyakorlat

Amikor Helen befejezte a középiskolát, látáskárosult vagy fogyatékos gyerekekkel foglalkozó tanár szeretett volna lenni. Így értelmi fogyatékos gyerek gondozóotthonában kezdett el dolgozni. Ekkor találkozott egy fiúval, aki szinte teljesen vak volt és süket. Érezte, hogy ha senki nem fogja őt tanítani, akkor soha nem lesz képes igazán kapcsolatba kerülni a világgal.

Training 1

When Helen finished high school, she wanted to learn to be a teacher for vision-impaired or handicapped children. So she started working in a health-care home for mentally retarded children. Whilst there, she met a boy who was almost completely deaf and blind. She felt that if nobody would teach him, he would never be able to really interact with the world.

2. Gyakorlat

Később beiratkozott egy főiskolára, mely speciális helyzetekkel foglalkozó tanárokat képez, és ahol látáskárosultak tanítására alkalmas különleges módszereket kezdett el tanulni. Helen egy speciális pedagógussal elkezdte körbejárni az országot, próbált más süket/vak embereket találni, és együtt dolgozott ezzel a nevelővel, aki segített neki felfedezni néhány módszert a vakok és süketek tanítására.

Training 2

Later, she went to a training college for special needs teachers, and there she started to learn special techniques for teaching vision-impaired people. With a special educator Helen started to go around the country trying to find other deaf/blind people, and they worked with this educator, who helped them to discover teaching methods for the deaf/blind.

3. Gyakorlat

Először megpróbálkoznak a természetes gesztusok alkalmazásával, ezért a kezüket különféle tartásokba helyezik, és megmutatják a jeleket. Később megtanulhatják a vakok speciális írását, a Braille írást, amit az ujjhegyeikkel tudnak elolvasni. Bevezetik a betűket, például az A betűt az alma-kártya, a C betűt a sajt kártya jelöli, stb. A későbbiek folyamán olyan kártyákat vezetnek be, amin rövid szavak vannak.

Training 3

They first try to use natural gestures, that is they hold their hands in the different positions, and make the signs with them. Later on, they can learn Braille, which is special writing which blind people can read with their fingertips. First they introduce letters, for example, 'A' with the apple card, 'C' with the cheese card, etc. Later on, they introduce cards with small words on them.

4. Gyakorlat

Most azonban új reménysugár jelent meg, mivel lesz egy operáció, amikor kap egy speciális hallókészülék beültetést, melyből elektródák kapcsolódnak a fülben lévő idegekhez. Ezek az elektródák különböző jeleket küldenek az idegeknek, amelyek továbbítják őket az agynak. Az effajta, meglehetősen új rendszerű hallókészülékkel az emberek újra képesek hallani, és egy idő múlva elkezdik megérteni vele az emberi beszédet.

Training 4

However, there is now a new hope, that is an operation to receive a special kind of hearing aid implant, in which electrodes are attached to the nerves in the ear. These electrodes give different signals to the nerve, which are transmitted by the nerves to the brain. With this kind of hearing-aid, which is quite a new system, they can hear again, and after a while getting used to it people can understand speech.

5. Gyakorlat

Már voltak sikereik ezekkel a hallókészülékekkel. Egy huszonnégy éves lánynak két éve hajtották végre a beültetést, és ma már egészen jól érti a beszédet. A beültetés olyan gyerekeknél is alkalmazható, akik azelőtt sohasem hallottak. Szakértők szerint gyerekek esetében célszerűbb a beavatkozást nagyon fiatalon - egy vagy két évesen - elvégezni, így a többi gyerekkel együtt tanulhatnak meg beszélni.

Training 5

They've already had some success with these hearing-aids. A twenty-four year old girl's had this implant for two years, and now she can understand speech quite well. The implants can also be used by children who have never been able to hear before. Now experts think that it's better to have this kind of implant when they are very young, one or two years old, so that they can learn speech together with other children.

A MAGÁNYOS AUTÓSTOPPOS

November eleje volt, és én a dél-németországi Freiburgban voltam, közel a svájci határhoz. Három hónapig dolgoztam ott egy ökológiai szervezet munkatársaként, mely zenével és bemutatókkal egybekötött európai körutat szervezett. A FET, azaz "Fenntartható Európa Turné" elnevezésű rendezvénysorozat folytatását június elejére tervezték. Az én feladatom volt a szponzorálásokkal foglalkozni, és levélben megérdeklődni a különböző országokban levő szervezetektől, hogy beleegyeznének-e, hogy a turné ott is megjelenhessen. Az egész a fenntartható energiáról szólt, ezen belül pedig arról, hogy hogyan használjuk kevesebbet az autót, tanácsokat adtunk és bemutatókat tartottunk az alacsonyabb szintű energiafogyasztás sokféle lehetőségével kapcsolatban, és olyan tisztább energiaforrások használatát szemléltettük, mint a szél-, víz- és napenergia. Ezen kívül kiállításainkon felvázoltuk az Európa-szerte működő különféle takarékos falvakat és közösségeket, a permkultúrát, meg ilyesmiket. Mindezek ellenére 3 hónap elteltével úgy határoztam, hogy már elég hosszú időt töltöttem ott. Valami más helyre vágytam.

It was early in November, and I was in Freiburg, in the south of Germany, near the Swiss border. I'd been there for three months, working with an ecological organization which was setting up a music and exhibition tour around Europe. It was called SET, the "Sustainable Europe Tour", and it was about to continue at the beginning of June. I was applying for sponsorship, and writing to different organizations in different countries asking what they could offer for the tour to go there. It was all about sustainable energy, things like how to use your car less, and suggesting and demonstrating many other ways of living with a lower level of energy consumption, and using cleaner energy sources such as wind-power, wave-power and solar-power. It also featured exhibitions about the different sustainable villages and communities around Europe, Permaculture, and things like that. Anyway, after about three months I decided that I had been there long enough, and wanted to go somewhere else.

Szóval megpróbáltam eldönteni, hová menjek. Nem akartam visszamenni Angliába vagy Skóciába. Mialatt augusztusban Lengyelországban tartózkodtam, találkoztam két budapesti emberrel, akik meghívtak egy időre Magyarországra. Úgy döntöttem, hogy ez lesz a legjobb megoldás. Akkoriban volt egy kocsim, egy csomó felvevő felszerelésem, meg mindenféle egyéb holmim. A kocsiút benzinköltségére azonban már nem volt pénzem, így hát elhatároztam, hogy stoppolni fogok, ami nem bizonyult szükségszerűen a legjobb ötletnek.

So I tried to decide where I should go. I didn't want to go back to England or Scotland, but whilst in Poland in August I had met two people from Budapest in Hungary, who had invited me over to stay there for a while, so I decided that that was the perfect option. Now at this time I had a car, and I also had a lot of recording equipment and things. However, I did not have the money for the petrol to take the car, so I decided to hitch-hike, which turned out to be not necessarily the best idea.

Valamilyen okból kifolyólag hajnali 2 órakor elkezdtem stoppolni, és egy meglehetősen eseménytelen utazásban volt részem Németországon keresztül. 12 és fél óra múlva, másnap 3-kor - azt hiszem, szombat délután volt - értem Salzburgba. Kimentem a salzburgi autópályára, és kiraktam a táblám, amin nagy, öles betűkkel az állt: BUDAPEST. Vártam. És vártam. Amikor elindultam, a táskám tele volt ruhákkal, de mire késő este felvett valaki, a táskám már üres volt, mivel hideg lett, és minden ruhámat felvettem magamra. Minél keletebbre utaztam, annál nagyobb volt a hó, és annál jobban fáztam.

For some reason, I started hitch-hiking at about two o'clock in the morning, and I had a rather uneventful journey through Germany. I got to Salzburg at three o'clock the next day - I think it was a Saturday afternoon - twelve and a half hours later. So I went out onto the motorway in Salzburg, and held out my sign, which said, in big bold letters, "BUDAPEST". I waited. And I waited. Now, when I set out, I had a bag full of clothes, but by the time I got a lift, rather late in the night, my bag was empty, as it was getting cold and all my clothes were on my body. The further east I travelled, the deeper the snow got, and the colder it got.

Végül félúton elvittek Bécsbe, ahol egy autószerviznél szálltam ki, és meglehetősen sokáig vártam egy újabb fuvarra. Aztán találtam valakit, aki látta a táblámat, és így szólt: "Igen, arra megyünk. Ha gondolod, velünk jöhetsz Budapestre." Csakhogy azt elfelejtették megmondani, hogy az észak-németországi Hamburgból Romániába tartanak egész úton vontatva egy furgont, és így akarnak átkelni a határon is. De hát eddig már eljutottak. Szóval beszálltam a vontatott furgon hátuljába, amiben nem volt motor, s így persze fűtés sem.

Eventually I got a lift halfway to Vienna, where I again got out at a service station, and waited quite a long time to try and find a lift. I eventually found someone who saw my sign and said, "Yes, we're going that way. You can come with us to Budapest". Now, what they didn't tell me was that they were towing a van across the border, and that they in fact had come from Hamburg, in the North of Germany, and were going to Romania, towing this van all of the way. But they had got this far. So I got in the van, in the back of the one which was being towed, and, of course, it had no heating in it, as it had no engine in it.

Eltelt az éjszaka, és végül megérkeztünk a magyar határhoz, ahol mindenki más nyelven, románul és magyarul beszélt, és én egyiket sem értettem. A vámtisztviselőkkel a furgont vontató férfi és a vontatott kocsi kormányánál ülő férfi tárgyalt. Mint utóbb megtudtam, az volt a probléma, hogy a magyar vámhivatal nem engedte, hogy a kocsit bevontassák az országba, ezért nagy veszekedés és kiabálás támadt. Nagyon hideg volt, és nagyon fáradt voltam, mivel második napja nem aludtam, és második napja voltam kint a hidegben.

The night went on, and we eventually arrived at the Hungarian border, where everybody was speaking different languages, none of which I understood, Romanian and Hungarian. There was the man who was towing the van, the man who was in the van that was being towed, and the customs officials. The problem, I found out, was that the Hungarian customs office would not allow this person to tow this van into the country, and there was a lot of arguing and shouting. It was very cold, and I was very tired, as this was the second night that I hadn't slept, and the second night that I'd been out in the cold, as well.

Végül az történt, hogy a vontatott furgont ott kellett hagyniuk a határnál, mindannyian beszálltak a másik kocsiba, áthajtottak a határon, amíg nekem és a vontatott kocsi tulajdonosának át kellett sétálnunk a határvonalon. Mindez az éjszaka kellős közepén történt, sehol senkit nem láttunk, és átsétáltunk egy kis mellékúton a teherautók átkelési helyének közelében. Nagyon sötét volt, és nem volt ott senki, ám hirtelen elénk ugrott egy alak fegyverrel a kezében, és ránk szegezte. Felemeltük a kezeinket, és mindketten azt mondtuk: "Nem csináltunk semmit." Megnézte az útlevelünket, látta, hogy le vannak pecsételve, így továbbengedett minket. Mi pedig beszálltunk a másik furgonba, és elhajtottunk a legközelebbi magyarországi garázsba.

What eventually happened was they had to leave the van being towed at the border, and they all got into the other van, and drove across the border, while me and the other man who owned the van being towed had to walk across the border. Now it was the middle of the night, and there was nobody about, and we walked across the little side road around the place where the lorries go through - there was nobody there, and it was very dark, and all of a sudden a figure jumped out in front of us with a gun, and pointed it at us. We raised our hands, and said, "We're not doing anything", and he had a look at our passports and saw that they had been stamped, so he allowed us to continue walking on through, and we got into the other van and drove to the nearest garage, in Hungary.

Fogalmam sem volt, hogy hol vagyok. Még mindig metsző hideg, nagyon nagy hó és sötét volt. Kiszálltam a kocsiból, a másik férfi pedig beszállt egy teherautóba, és eltűnt. Ott fagyoskodtam az éjjel-nappali állomásnál, majd bekéredzkedtem a folyosóra, és nagy nehezen megengedték, hogy megmelegedjek a fűtőtestnél.

130

I didn't have a clue where I was, and it was still dark and bitterly cold, and the snow was very deep, so I got out of the van, and the person whose van was being towed got into another lorry and disappeared. So I stood freezing at the all-night station, and begged to go into the corridor and warm myself on the heater, which I was grudgingly allowed to do.

Amint reggel 6 óra lett és felkelt a nap, az emberek megérkeztek a munkába a benzinkúthoz. Az egyikőjük bejött, rám nézett, és azt kérdezte: "Mit csinál maga itt?" Én pedig a táblámra mutatva így szóltam: "Budapestre akarok menni." "Rendben van, megyek és megkérdezek néhány embert a kútnál, hogy elviszik-e" - mondta. Elment, és sorra kérdezgette az embereket, hogy elvinnének-e, de nem járt sok sikerrel. Úgy tűnt, senki nem akar Budapestre menni. Csak 150 km-re volt, de úgy látszott, soha nem érek oda.

As six o'clock in the morning arrived and the sun was rising, more people arrived to work at the petrol station, and one man came in and looked at me and asked, "What are you doing here?" I said, "I want to go to Budapest", showing him the sign. He said, "Okay, I will go and ask some of the people in the station if they will take you". He went and asked several people, and kept on asking people, if they would take me, but nobody would. Nobody seemed to be going to Budapest. It was only a hundred and fifty kilometres away, but it didn't look like I was going to get there.

Kis táblámmal a benzinkút bejáratánál várakoztam, autók robogtak el mellettem, aztán még több autó robogott el mellettem, de még mindig nem volt szerencsém. Néhány órával később egy teherautó érkezett az állomáshoz egy furgont vontatva. Ez volt az a kocsi, amit múlt éjjel a vámosok nem engedtek át a határon. Mindannyian kiszálltak belőle, és ismét megkérdezték, szeretnék-e velük menni Budapestre. Én pedig persze így válaszoltam: "Igen, csak jussak ki innen!" Beszálltam a furgonba, és egészen Budapest külvárosáig vontattak, ott pedig kiszálltam, és nagyon meg voltam elégedve, hogy sikerült végigcsinálnom.

So I waited at the entrance to the station with my little sign, and cars went past, and more cars went past, and still I had no luck. A few hours later, a lorry arrived at the service station with a van on it. It was the van that had not been allowed through customs at the border the night before. They all got out of the van, and said, "Would you like to come to Budapest?" again, and I, of course, said, "Yes, anything to get out of here". So I got into the van and was towed to the outskirts of Budapest, where I got out of the van feeling very pleased with myself that I had made it.

Vártam egy buszt, és megérdeklődtem, hogy bevisz-e a városközpontba. A buszvezető igennel felelt, és beszedte tőlem a pénzt. Kis idő múlva intett nekem, mire megkérdeztem, hogy már ott vagyunk-e, ő pedig azt válaszolta: "Igen", és én magyarul is megértettem. Egyenesen egy telefonhoz mentem és felhívtam a barátomat. Csöngött a telefon, de senki nem vette fel. Arra a következtetésre jutottam, hogy bizonyára tegnapra várta az érkezésemet, és nem maradt tovább otthon.

I waited for a bus, and when one arrived, I asked to be taken to the centre of the town. The bus driver said yes, and charged me money, and when he signalled to me I asked if we were in the centre, and he said, "Igen", which I understood to mean yes. I went straight to the telephone, and telephoned my friend. The phone rang, but nobody answered. Now, this person was expecting my arrival the night before, and I concluded that they were no longer in.

Ettől eléggé kiborultam, és még mindig nagyon fáztam, úgyhogy elmentem egy kávézóba, és megittam egy eszpresszókávét. Leültem a fűtőtest mellé melegedni, s amint kezdett visszatérni belém az élet, megpróbáltam újra telefonálni. Végül sikerült elérnem barátomat, aki teljesen meg volt rémülve, mert egész reggel otthon volt, de a telefon leesett a padlóra, a csengető pedig véletlenül kikapcsolt, így nem hallhatták, hogy cseng a telefon. Megkérdezték, hol vagyok, s mivel nem tudtam, megadtam az utcanevet, és leírtam a környéket, mire barátom így szólt:

"Fogalmam sincs, hol vagy, de az biztos, hogy nem a városközpontban! Megnézem a térképet, és megpróbálom rajta megtalálni a helyet." Végül megtalálta a térképet is, a helyet is, és eljött értem, én pedig azóta is itt vagyok Budapesten. Nem is stoppoltam többet, és a jövőben sem tervezem.

Feeling rather upset, and still very cold, I went to a coffee shop and drank expresso coffee. I sat next to the heater and warmed myself up, and as I was starting to get a bit warmer I tried to phone again. Eventually I got through to my friend, who was completely dismayed as they had been in all morning, but the phone had been dropped on the floor, and the ringer had been accidentally switched off, so that they couldn't hear the phone ringing. They asked, "Where are you?", and as I didn't know I gave the name of the street and described my surroundings, and my friend said, "I haven't a clue where you are but you're certainly not in the centre! But I'll get the map and try to find it". Eventually they found the map, found the place, and came to collect me, and I've been here in Budapest ever since. I haven't hitch-hiked again, and don't intend to!

1. Hol volt Daniel novemberben?
2. Mit csinált ott?
3. Miért döntött úgy, hogy otthagyja Freiburg-ot?
4. Hová akart menni?
5. Miért nem kocsival utazott?
6. Mikor kezdett stoppolni?
7. Milyen volt a Németországon keresztül vezető útja?
8. Mikor érte el Salzburg-ot?
9. Hogy mutatta, hogy hová akar menni?
10. Miért kellett felvennie az összes ruháját?
11. Hova ment stoppal Salzburg-ból?
12. Távolabb hol várt, hogy felvegyék?
13. Milyen járműre vették fel?
14. Mi volt a gond a szállítókocsival?
15. Mikor érkeztek meg a magyar határhoz?
16. Miért kellett gyalog átmennie a határon?
17. Kikkel találkoztak, amíg átmentek a határon?
18. Hol töltötte azt az éjszakát?
19. Hogy sikerült többé-kevésbé megőriznie a meleget?
20. Másnap mikor kezdett várni, hogy felvegyék?
21. Mennyi időt vett igénybe, hogy találjon valakit, aki Budapestre megy?
22. Kik voltak ezek az emberek?
23. Hol szállt le a furgonról?
24. Akkor éppen miért nem tudott érte jönni a barátja?
25. Daniel szándékozik ismét stoppolni?

1. Where was Daniel in November?
2. What was he doing there?
3. Why did he decide to leave Freiburg?
4. Where did he want to go?
5. Why didn't he travel by car?
6. What time did he start hitch-hiking?
7. What was his journey through Germany like?
8. What time did he get to Salzburg?
9. How did he show where he wanted to go?
10. Why did he have to put on all his clothes?
11. Where did he get a lift from Salzburg?
12. Where did he wait to find a lift farther?
13. What kind of vehicle did he get a lift in?
14. What was the trouble with the van?
15. What time did they arrive at Hungarian border?
16. Why did he have to cross the border on foot?
17. Who did they meet while they were crossing the border?
18. Where did he spend that night?
19. How did he manage to keep more or less warm?
20. When did he start waiting for the lift the next day?
21. How long did it take him to find someone going to Budapest?
22. Who were these people?
23. Where did he get off the van?
24. Why couldn't his friend come and collect him right then?
25. Does Daniel intend to hitch-hike again?

1. Gyakorlat
Daniel három hónapi freiburg-i ott tartózkodás után elhatározta, hogy már elég hosszú időt töltött ott, és valami más helyre megy. Augusztusban találkozott két budapesti emberrel, akik meghívták egy időre Magyarországra. Úgy döntött, hogy ez lesz a legjobb megoldás. A kocsiút benzinköltségére azonban már nem volt pénze, így hát elhatározta, hogy stoppolni fog.

Training 1
After about three months in Freiburg, Daniel decided that he had been there long enough, and wanted to go somewhere else. In August he had met two people from Budapest in Hungary, who had invited him over to stay there, so he decided that that was the perfect option. As he did not have the money for the petrol to take the car, he decided to hitch-hike.

2. Gyakorlat
Egy eseménytelen utazásban volt része Németországon keresztül. Salzburgba ért, és kiment az ottani autópályára, és kirakta a táblát, amin az állt: BUDAPEST. Várt és várt. Amikor felvette valaki, a táskája már üres volt, mivel hűvös lett, és minden ruháját felvette magára. Minél keletebbre utazott, annál nagyobb volt a hó, és annál jobban fázott.

Training 2
He had an uneventful journey through Germany. He got to Salzburg and went out onto the motorway, and held out his sign, which said "BUDAPEST". He waited and waited. By the time he got a lift, his bag was empty, as it was getting cold and all his clothes were on him. The further east he travelled, the deeper the snow got, and the colder it got.

3. Gyakorlat

Végül félúton elvitték Bécsbe, és aztán sokáig várt egy újabb fuvarra. Végül talált valakit, aki Budapestre tartott egész úton vontatva egy szállítókocsit, szóval beszállt a hideg szállítókocsiba. Késő éjszaka végül megérkezett a magyar határhoz. De a magyar vámhivatal nem engedte, hogy a kocsit bevontassák az országba. Nagyon hideg volt, és Daniel nagyon fáradt volt, mivel második napja nem aludt, és második napja volt kint a hidegben.

Training 3

Eventually he got a lift halfway to Vienna, and then he waited quite a long time to find a lift. He eventually found someone who was towing a van to Budapest, so he got in the cold van. Late at night they eventually arrived at the Hungarian border. But the Hungarian customs office would not allow to tow this van into the country. It was very cold, and Daniel was very tired, as this was the second night that he hadn't slept and had been out in the cold.

4. Gyakorlat

Át kellett sétálnia a határon. Fagyoskodva érkezett meg az éjjel-nappali állomásra, majd bekéredzkedett a folyosóra, és megmelegedett a fűtőtestnél. Másnap az állomás bejáratánál várakozott a kis táblájával, és az összes autó elrobogott mellette. Néhány órával később egy teherautó érkezett egy ugyanolyan szállítókocsival. Aztán beszállt a szállítókocsiba, és egészen Budapest külvárosáig vontatták.

Training 4

So he had to walk across the border. He arrived freezing at the all-night station, and begged to go into the corridor and warm himself on the heater. The next day he waited at the entrance to the station with his little sign, and all the cars went past. A few hours later, a lorry arrived with the same van on it. So he got into it and was towed to the outskirts of Budapest.

5. Gyakorlat

Várt egy buszt, és amikor megérkezett, megérdeklődte, hogy beviszi-e a városközpontba. Aztán egyenesen egy telefonhoz ment és felhívta a barátját. Csöngött a telefon, de senki nem vette fel. Ettől eléggé kiborult, és még mindig nagyon fázott, úgyhogy elment egy kávézóba, és megivott egy eszpresszókávét. Aztán megpróbált újra telefonálni. Végül sikerült elérnie a barátjához, aki eljött érte, ő pedig nem is stoppolt többet, és a jövőben sem tervezi.

Training 5

He waited for a bus, and when one arrived, he asked to be taken to the centre of the town. Then he went straight to the telephone, and phoned his friend. The phone rang, but nobody answered. Feeling rather upset, and very cold, he went to a coffee shop and drank expresso coffee. Then he tried to phone again. Eventually he got through to his friend, who came to collect him. He hasn't hitch-hiked again, and doesn't intend to!

EGY HAJSZÁLON MÚLT

Múlt nyáron ellátogattam egy barátomhoz Izraelbe. Ő akkoriban egy beer sheeva-i vallásos zsidó iskolában tanult, ahol többnyire a Tórát és más zsidó szentkönyveket tanítanak. Amikor a repülőtérre értem, barátom már várt rám, hogy elvigyen Jeruzsálembe. Mivel nem volt túl sok pénzünk, és Izrael meglehetősen drága ország, elhatároztuk, hogy az egész utat stoppal tesszük meg. Nagyon sikeresek voltunk, jól ment a stoppolás.

I spent last summer in Israel visiting a friend of mine. This friend was studying in Israel at that time, in Beer Sheeva, in a religious Jewish school where they usually study the Torah and other holy books of the Jews. When I arrived at the airport, he was waiting there to collect me, to take me to Jerusalem. We decided to hitchhike all through the trip as we didn't have too much money, and Israel is a fairly expensive country, and it worked really well - we were very successful.

Jeruzsálemben az Örökség Háza nevű helyen laktam, ami szintén vallásos zsidó hely, és ha valaki zsidó vallású, ahogy én is, odamehet és ingyen ott lehet. Nagyon jó társasággal és kedves emberekkel találkozhatsz. Egy kicsit olyan, mint egy ifjúsági szálló. Annak ellenére, hogy vallásos hely, ott tartózkodásod alatt nem kell a judaizmus minden szabályát szigorúan betartanod. A legtöbb ember tulajdonképpen a jó társaság miatt megy oda, és azért, mert ingyenes. Ha van kedved, szerveznek neked kurzusokat mindenféle zsidó kulturális témából, mint pl. héber nyelv, szent könyvek tanulmányozása, stb... Én azonban nem mentem el egyikre sem, mert összesen csak 3 hetem volt Izraelben az egész utazásra, és nem akartam ezt az időt csak ott tölteni.

In Jerusalem I stayed in a place called Heritage House, which is also a religious place for Jews, and if you're Jewish, as I am, you can go there and stay there for free, and you can also find good company, nice people there - it's a bit like a youth hostel. Although it's a religious place, you don't have to strictly keep all the rules of

139

Judaism to stay there. In fact, a lot of people only go there for the nice company, and because it's free. If you want, they will organize courses for you on all kinds of Jewish cultural subjects, such as the Hebrew language, studying the holy books, and things like that. But I didn't go for any of these courses, because I only had three weeks in Israel, for the whole trip, and I didn't feel like spending all of the time there.

Ehelyett inkább elmentünk barátommal Jeruzsálemben sétálni. Eredetileg múzeumokba és egyéb helyekre akartunk menni, de aztán másként határoztunk. Elsősorban a pénz miatt, másodsorban pedig azért, mert azelőtt soha nem nyílt alkalmam Jeruzsálem utcáin sétálgatni anélkül, hogy megmondják, hova menjek és mit csináljak. Korábban is voltam már Izraelben, de mindig szervezett csoportokkal. Most pedig volt rá lehetőségem, hogy elmenjek az arab piacra, amit azelőtt nem tehettem meg, és csodálatos volt. Úgy gondolom, hogy Jeruzsálem valódi atmoszféráját ez a hely rejti magában.

Instead, I just went for walks in Jerusalem with my friend. Originally we wanted to go to museums as well, and other places, but then we decided not to, first because of the money, and second because I had never had the chance before to just walk around Jerusalem, and not be told where to go and what to do. I had been to Israel before, but each time I was with organized groups, and this time I had a chance to go to the Arabic market, which I'd never been able to do before, and it was wonderful there. I think it holds the real atmosphere of Jerusalem.

Nem tudom biztosan, de szerintem ugyanazt lehet ott látni és érezni, mint évszázadokkal vagy évezredekkel ezelőtt. Az egyetlen hely Izraelben, ahol szerintem tényleg nem kell tartanod semmitől. Az óvárosban mindenki nagyon barátságos. Csodálatos, hogy a zsidók és az arabok itt együtt tudnak élni. Legalább is, úgy látszik. Tulajdonképpen időm nagy részét Jeruzsálem óvárosában töltöttem. Lehetőségem nyílt mindennap lemenni a Nyugati Falhoz, ami igazán különleges dolog, mert a legtöbb Jeruzsálembe látogató ember csak egy napra jut el oda. Tudod, ez egy turistalátványosság: odamennek, megnézik, és megpróbálják 1 óra alatt átérezni az atmoszféráját, de ez sohasem sikerül, legalábbis nem nekem.

I don't know, but I think it must look and feel exactly the same now as it did hundreds or thousands of years ago. That's one place in Israel where I think you really don't have to be afraid of anything. Everybody is really friendly, in the old city, and it's wonderful that Jews and Arabs can live there together. At least it appears so. Actually, I spent most of my time in Jerusalem in the old city. I had a chance to go down to the Western Wall every day, which is really special, because most of the people who go to Jerusalem just go to the Wall for one day - you know, it's like a tourist attraction, they visit it and see it and try to feel the atmosphere there in one hour, and it never works, at least not for me.

Akármikor ellátogatok egy helyre - legyen az székesegyház, múzeum vagy bármi -, és tudom, hogy nagyon meg kéne hatódnom, és éreznem, hogy micsoda nagy dolog, hogy ott lehetek, szinte soha nem tudom megtenni. Ha néhány napon keresztül minden este elmész oda, megragadhat a légkör, és elkezded megérteni, hogy ez sok ember életének mindennapos része, azaz sokaknak napi szokása, hogy odamenjen és imádkozzon.

Whenever I go to places - cathedrals, museums or whatever - and I know that I should be impressed, and feel what it's like to be there, I almost never do. If you go there every evening for a few days you can catch the atmosphere, and you start to understand that for a lot of people it's a part of their daily lives, their daily routine, to go and pray there.

Mialatt ott voltam, találkoztam egy haszid családdal. A haszidizmus követői szigorúan vallásos ortodox zsidók, akik eredetileg Kelet-Európából származnak. Nagyon erőteljesen őrzik hagyományaikat, és nemcsak a bibliai értelemben vett hagyományokat, hanem öltözködésmódjukat, beszédmódjukat és más dolgokat is, amelyek ugyan nem tartoznak vallásukhoz, de

141

kelet-európai kultúrájuk részét alkotják. Ez néha nagyon furcsa egy kívülálló számára, hiszen egy olyan forró országban, mint Izrael, hosszú kabátot és nagy szőrmekalapot viselnek, ami elég viccesnek tűnik, ők azonban hagyományaik és kulturális személyazonosságuk ébrentartásának tekintik. Szerintük, ha felveszed az új civilizáció szokásait, valamennyire távolabb kerülsz Istentől. Tehát ilyen dolgokban nagyon szigorúak, és általában nem szeretnek más származású emberekkel találkozni, mert tudják, hogy a közösség fiatal tagjainak manapság nagy a kísértés arra, hogy azonosuljanak a modern társadalom különböző szokásaival. Erre nagyon ügyelnek.

While I was there, I met a Hasidic family. The Hasidim are very religious, strictly religious orthodox Jews, who originally come from Eastern Europe. They keep traditions very strongly, not just Biblical traditions, but also the ways of dressing, ways of talking, and other things which are not part of their religion, but are part of their East European culture. It's very strange sometimes, because, for example, they wear long coats and big fur hats, which seem quite funny in Israel, in such a hot country, but they see it as part of keeping their traditions alive, their cultural identity. They say that if you adopt ways from the new civilization, you somehow get further from God. So they're very strict on these things, and they don't usually like to meet other people of different backgrounds, because they know it's a big temptation nowadays for the young people in their community to take on different ways from modern society. So they're very careful about this.

De péntek esténként, a Sabbath kezdetén - ami a zsidó vallás egyik fontos része -, vendégeket hívnak étkezéseikre kétségkívül azért, hogy felkeltsék a vallás iránt az érdeklődésüket. Nagy lakomát csapnak, és arra az estére a család részévé válsz. Igazán szívélyes, nyitott és barátságos légkört teremtenek, hiszen beszélhetsz velük a vallásról, az életmódjukról, vagy a saját életmódodról. Számomra ez nagyon érdekes élmény volt, mert egy csomó olyan dolgot átéltem, amiről már hallottam, de azelőtt még sohasem tapasztaltam. Például a nők és a férfiak még csak nem is ülhetnek ugyanabban a szobában, s a családfő, amikor megáldja gyermekeit,

142

nem érinti lányai fejét, hanem rátesz egy kendőt, s így keze nem ér közvetlenül hozzájuk. Egy kicsit furcsa, de érdekes volt látni, hogy valóban élnek még így emberek. Azt hiszem, jeruzsálemi látogatásomnak ez volt a legérdekesebb része, mivel azelőtt soha nem nyílt alkalmam ilyen dolgokat látni és csinálni.

But on Friday evenings, at the beginning of the Sabbath, which is an important part of Jewish religion, they invite other people to visit them and eat with them, admittedly to attract them to their religion, and they cook a big meal, and you become a part of the family for that evening. You can talk about religion and their way of life, or your way of life, with them, and they make a really warm, open, friendly atmosphere. It was very interesting, because I experienced a lot of things that I'd heard of but never seen, for example that women and men don't even sit in the same room, and that the father of the family, when blessing his own children, does not touch the daughters, but puts a handkerchief on top of their heads so that his hand doesn't meet their heads. It's a bit strange, but it was interesting to see that people actually live this way. I think this was the most exciting part of my visit to Jerusalem, as I'd never had the chance to do these things before.

Aztán az ország egyéb területeitől nagyon különböző Észak-Izraelbe mentem. Azért is látszik másnak, mert magas fáival és egyéb jellegzetességeivel nem mediterrán, hanem sokkal inkább közép-európai területekhez hasonlít. Sok izraeli megy oda, mert nagyon romantikusnak találja, mivel Izraelben sehol máshol nem nagyon lehet nagy fákkal találkozni, főleg nem erdőkkel. Én észak-nyugaton voltam egy kibucban. Napi 4 órát kellett dolgoznunk, én a kertben voltam. Minden látogatónak volt valamilyen családja. A kibucokban a gyerekeket közösségi házakban nevelték. Ez azt jelenti, hogy nem maradtak a családjukkal, hanem valamilyen óvodaféleségben tartózkodtak reggel és este, és csak délután találkozhattak a családjukkal néhány órára. Számomra nehéz volt megérteni, de a kibucban mindenki, különösen az idősebbek, meg volt győződve arról, hogy ez a gyereknevelés legjobb módja. Azt mondták, ennek a szokásnak az az oka, hogy a gyerekeket a közösség igazi tagjává akarják nevelni. Te sem töltöd az egész életedet a szüleiddel, azaz a közvetlen családoddal, tehát olyan nevelést kell kapnod, amitől érzed azt, hogy a közösség, majd később pedig a társadalom oszlopos tagja vagy. Tehát volt egy ideiglenes családunk, akikhez délutánonként látogatóba mentünk, ők pedig a saját gyermekükként kezeltek minket. Már egy korábbi látogatásom során is jártam ott, és biztos vagyok benne, hogy soha nem élnék kibucban. Számomra túlságosan zárt és kicsi. Viszont nagyon különös dolog történt velem, amit sehol máshol nem tapasztaltam.

I went afterwards to the north of Israel, which is very different from the other areas of the country - it even looks very different, not so Mediterranean but more like the central part of Europe, with big trees and things. A lot of Israelis go there, as they find it very romantic, as you can't really find big trees, and especially not forests, in any other part of Israel. I was in the Northwest, on a kibbutz. We had to work for four hours a day, and I worked in the garden. Everyone visiting there had a sort of family to visit. In that kibbutz they still raised the children in communal houses, so the children didn't stay with their families but stayed in a place like a sort of kindergarten where they spent all the morning, and the night, and they only went to see their family for a few hours in the afternoon. Everybody in the kibbutz, especially the older ones, seemed really convinced that this was the way to bring up children, which was really difficult to understand. They said that the reason for this was that you bring up a child to make him or her part of a community; you won't spend all of your life with your immediate family, with your father and mother, so you have to be brought up in a way that makes you feel part of the community, and later on of society. So we had a kind of temporary family there, who we went to visit in the afternoons, and they really did treat us like their children. I had been there before on an earlier visit. I could never live in a kibbutz, I'm sure. It's too closed for me, too small, but there was something really special about it which I've never experienced anywhere else.

Amikor második alkalommal, 5 év múlva visszatértem a kibucba, mindenki, akivel azelőtt ott megismerkedtem, szívélyesen üdvözölt, mintha tényleg odatartoznék, még ha csak egy órára is. Érdeklődtek, hogy mi történt velem, és mindenre emlékeztek, amit ott csináltam. Pontosan olyan volt, mintha hosszú idő elteltével hazatértem volna a saját falumba vagy a saját országomba. Olyan volt, mint egy igazi hazatérés.

When I returned there after five years, everyone that I had met there before, even for only one hour, greeted me as if I really belonged there, and they were really interested in what had been happening to me, and remembered all the things that I did there. It was really like going home, exactly like going home after a long time to your own village or to your own country.

Ezután barátommal Egyiptomba mentünk, és néhány napot a Sínai-félszigeten töltöttünk a tengernél, ami igazán szép volt. Sokat úsztunk, és gyönyörű volt a búvár légzőkészülékkel látni a víz alatt a különböző színekben pompázó halakat és korallokat. Olyan volt, mintha egy másik világ lenne odalent. Egy Dahab nevű faluban voltunk, ahol a hagyományostól eltérő éttermek vannak, hiszen mindegyikben a padlóra helyezett párnákra kell ülni nagyon alacsony asztalok mellé, melyek fölött napellenző van. Nagyon kellemes volt, mivel az egész napot ott tölthetted fekve, a tenger hangját hallgatva és élvezve a sivatag forróságában azt a kis árnyékot.

After that I went to Egypt, with my friend, and we spent a few days there, in Sinai, by the sea, which was really beautiful. We swam a lot there, and it was so beautiful to see under the water with a snorkel, looking at all the different coloured fish and corals. It's like another world down there. We stayed in a village called Dahab, where there were a lot of restaurants, but not like normal restaurants, as all they had were cushions on the floor to sit on, and very short tables, and a shade up above, and it was very nice because you could just spend all day lying there if you wanted to, listening to the sound of the sea and enjoying a bit of shade from the desert heat.

El sem tudom mondani, milyen szép ott. Egyszerűen oda kell menned, és érezned a békét, a teret és a csendet. Az egész terület csak sivatag és tenger, az átsuhanó napsugaraktól sok-sok változatos színben pompázó homokkal és hegyekkel, és éjszaka a kristálytiszta ég millió csillagával. Egy beduin étterem-tulajdonostól borzasztó olcsón bérelt, egyszerű kis kunyhóban laktunk. Csak egy ágy volt benne, ami megfelelt arra, hogy távol tartsa a legyeket és a reggeli melegben egy kis árnyékot adjon.

I can't explain how beautiful it is there. You just have to go there and feel it, the peace and the space and the silence. The whole area is just desert and sea, with many changing colours in the sand and the mountains as the sun passes over, and millions of stars at night in a crystal clear sky. We stayed in a very simple little hut, which we rented very cheaply from the Bedouin restaurant owner, with just a bed in it, which served to keep the flies off and give a bit of shade in the morning.

Néhány nap után azonban elhagytuk Dahabot, mert vissza akartunk menni Jeruzsálembe. Elhatároztuk, hogy Izrael határától, Eilat szélétől megpróbálunk stoppolni. Nagyon nagy szerencsénk volt, mert az első arra jövő kocsi megállt mellettünk. Nem gondoltuk, hogy ekkora szerencsénk lesz, ezért nagyon örültünk, amikor a vezető azt mondta, hogy elvinne minket egészen Jeruzsálemig. Sőt, mi több, nagyon barátságos és kedves volt. Kiderült, hogy keresztény arab, s mivel nem tudott sem angolul, sem héberül, mi pedig nem beszéltünk arabul, egy kicsit nehéz volt vele kommunikálni, de azért valahogy csak sikerült. Nagyon dinamikus és élénk ember volt, aki szereti a hazáját, és ezt nem győzi percenként kifejezésre juttatni, mennyire szereti Izraelt. Mintha a vendégei lettünk volna, enni és inni is adott nekünk. Ha arab emberekkel vagy, abszolút jellemző, hogy biztosak akarnak lenni abban, hogy mindennel elégedett vagy, és van elég enni- és innivalód. Nekünk is mindenünk megvolt, a kocsi hátsó ülésén.

Anyway, after a few days we had to leave Dahab, and we wanted to go back to Jerusalem, so we decided to try to hitchhike from the border of Israel, on the edge of Eilat. We were very very lucky, as

146

the first car that came past us stopped. The driver said that he could take us all the way to Jerusalem, and we were delighted, as we hadn't expected such good fortune. What's more, the driver was very friendly and nice. It turned out that he was a Christian Arab, and it was a little bit difficult to communicate with him, as he didn't speak much English or Hebrew and we didn't speak Arabic, but somehow we managed. He was a very dynamic, lively person who was fond of his country, and every few minutes would attempt to express how greatly he loved Israel. He gave us food and drink as if we were his guests. It's quite typical, if you are with Arabic people, that they want to make sure you are always completely satisfied, with enough to eat and drink, and we had everything we needed there in the back seat.

A Holt-tengernél megálltunk egy gyors fürdésre, ő pedig ezalatt mindent elmesélt nekünk a családjáról, a munkájáról és a hazájáról. Valóban sok érdekes helyről és dologról tudott. Nagyon élvezetes utazásban volt részünk, mert varázslatos volt vele beszélgetni, és nagy biztonságban éreztük magunkat. Az egyetlen probléma az volt, hogy a dinamizmusából kifolyólag nem vezetett 140 km/órás sebességnél lassabban, ami a sivatag közepén végül is nem tűnt olyan soknak. Eleinte nem is tartottunk semmitől, de volt még valami, amit nem kellett volna a sofőrnek csinálnia. Mégpedig az, hogy meglehetősen veszélyesen előzött le más autókat, még akkor is, ha csak egy kis hely maradt az út másik oldalán.

Then we stopped at The Dead Sea, just to have a quick swim, and he was telling us all about his family and his work, and telling us a lot about the country. He really knew a lot about different things and places to go. We were having a very enjoyable journey, as it was fascinating to talk to him, and we felt very confident. The only problem was that he was so dynamic that he couldn't drive at less than 140 kilometres per hour, which didn't feel a lot in the middle of the desert. We weren't afraid at first, but the other thing he did, which he shouldn't have done, was that he overtook other cars quite dangerously, even when there was only a small space on the other side of the road to pass by.

Amikor Jeruzsálemtől már csak 40 km-re voltunk, barátommal azt gondoltuk: "Ezen az utolsó 40 km-en már nem történhet semmi baj." De tévedtünk. Nem tudom pontosan, hogy mi történt, de azt hiszem, városba érkezésünk legeslegutolsó pillanatában vezetőnk le akart előzni egy kocsit, kiment az út szélére, de hirtelen észrevette, hogy az ellenkező irányból jön egy autó. Aztán valahogy elvesztette a fejét, és balra kanyarodott, le az útról. Elvesztette uralmát az autó felett, és beleborultunk az árokba. Az autó tovább ment, kétszer megperdült, és aztán a tetején landolt. Minden nagyon gyorsan történt. Nagyon különös volt. Emlékszem, hogy a forgás pillanatában az egyetlen dolog, ami kijött a számon, az volt, hogy szóltam a barátomnak, hogy kapaszkodjon. Nem tudom, hogy miért pont erre emlékszem, hiszen semmi más nem ugrik be. Barátom első gondolata az volt, hogy minél gyorsabban ki kell jutnia a kocsiból, mivel benzinszagot érzett, és a sok hülye akciófilm után azt gondolta, hogy a következő pillanatban a kocsi felrobban. Kimásztunk a kocsiból, és láttuk, hogy a sofőr is kimászott, aztán pedig elfutottunk. Az emberek megálltak az úton, hogy megnézzék, hogy minden rendben van-e, mi pedig csak ekkor jöttünk rá, hogy milyen veszélyben voltunk. Mindenki, aki látta a balesetet csodálkozott, hogy még élünk, és azt hajtogatta, hogy mekkora szerencsénk volt. Mindenem csupa vér volt, ahogy a barátom arca is, de szerencsére kiderült, hogy csak egy kicsit elvágta a fülét. A baleset végzetes is lehetett volna, de csodával határos módon mindannyian viszonylag sértetlenül megúsztuk.

When we got to 40 kilometres from Jerusalem we thought, "In these last 40 kilometres nothing can happen", but we were wrong. In the very last moment before arriving in the city, I don't know exactly what happened, but it seemed that he wanted to overtake a car, so he moved out into the road, and suddenly he saw a car coming in the opposite direction. And he somehow lost his head and swerved left, off the road. He lost control of the car and we fell into the ditch. The car kept moving, and we turned over twice, and then the car landed on its roof. It all happened very quickly. It was very strange. I remember that the only thing I said, when we started to turn over, was that I told this friend to hold on. I don't know why I remember that actually, as I can't remember anything else about it. My friend's first thought was to quickly get out of the car, as it smelled of petrol, and he thought after watching so many stupid action movies that the next thing that would happen would be that the car would explode. So we got out of the car, and we saw that the driver was also getting out, so we ran away. People stopped by the road to see if we were okay, and that was when we realized just how dangerous it had been, as all of the people who saw the accident were amazed to see that we were still alive, and were saying how lucky we were. I was all covered in blood, as was my friend's face, but it turned out luckily that he had just cut his ear slightly. It could have been fatal, and it was just a miracle that we all survived relatively unharmed.

1. Hol töltötte Joshua a tavalyi nyarat?
2. Hogy jutottak el a barátok Jeruzsálembe?
3. Hol tartózkodott Joshua Jeruzsálemben?
4. Miért ott tartózkodik a legtöbb ember?
5. Miféle tanfolyamot csinálhatsz Heritage House-ban?
6. Miért nem ment Joshua egyikre sem?
7. Miért nem mentek múzeumokba?
8. Azelőtt volt Joshua Jeruzsálemben?
9. Miért volt különös ez a látogatás?
10. Miféle helyeket látogatott meg Jeruzsálemben ezen időszak alatt?
11. Miért találta fontosnak, hogy mindennap a Nyugati Falhoz menjen?
12. Miféle családdal találkozott Jeruzsálemben?
13. Miért olyan különlegesek a Hasidim-ok a zsidók között?
14. Egyáltalán hogy történt, hogy Joshua találkozott ezzel a családdal?
15. Mit csináltak, amikor meglátogatta őket?
16. Miért különbözik Észak-Izrael a többi területtől?
17. Északon hol tartózkodott?
18. Mit talált különösnek abban a kibuci életben?
19. Milyen volt egy tipikus napjuk a kibucban?
20. Mi volt rá leginkább nagy hatással?
21. Hová ment Joshua és a barátja azután?
22. Mit csináltak a tengerparton?
23. Hogy akartak visszajutni?
24. Mi történt velük, amikor le akartak előzni egy autót?
25. Mi volt természetfeletti a balesetben?

1. Where did Joshua spend last summer?
2. How did the friends get to Jerusalem?
3. Where did Joshua stay in Jerusalem?
4. Why do most people stay there?
5. What kind of courses can you do in Heritage House?
6. Why didn't Joshua go for any of them?
7. Why didn't they go to museums?
8. Had Joshua been to Jerusalem before?
9. Why was this visit special?
10. What kind of places did he visit in Jerusalem this time?
11. Why did he find important to go to the Western Wall every day?
12. What kind of family did he meet in Jerusalem?
13. Why are the Hasidim so special among the Jews?
14. How did Joshua happen to meet this family at all?
15. What did they do when he visited them?
16. Why is the north of Israel different from other areas?
17. Where did he stay in the north?
18. What did he find strange about the life in that kibbutz?
19. What was their typical day in the kibbutz like?
20. What impressed him most of all there?
21. Where did Joshua and his friend go after that?
22. What did they do at the seaside?
23. How did they want to get back?
24. What happened to them when they wanted to overtake a car?
25. What was miraculous about the accident?

1. Gyakorlat
Joshua a múlt nyáron ellátogatott egy barátjához Izraelbe. Eredetileg múzeumokba és egyéb helyekre akartak menni, de aztán másként határoztak. Joshua korábban is volt már Izraelben, de mindig szervezett csoportokkal, ezelőtt sosem volt rá lehetősége, hogy csak úgy sétálgasson Jeruzsálemben, például elmenjen az arab piacra, és ez csodálatos volt.

Training 1
Joshua spent last summer in Israel visiting a friend of his. Originally they wanted to go to museums and other places, but then they decided not to. As Joshua had been to Israel before with organised groups he had never had the chance before to just walk around Jerusalem, and, for example, go to the Arabic market, and it was wonderful there.

2. Gyakorlat
Tulajdonképpen ideje nagy részét Jeruzsálem óvárosában töltötte. Lehetősége nyílt mindennap lemenni a Nyugati Falhoz, ami igazán különleges dolog. Találkozott egy haszid családdal is. A haszidizmus követői szigorúan vallásos ortodox zsidók, és egy csomó olyan dolgot átélt, amiről már hallott, de azelőtt még sohasem tapasztalta meg, például a nők és a férfiak még csak nem is ülhetnek ugyanabban a szobában.

Training 2
Actually, he spent most of his time in Jerusalem in the old city. He had a chance to go down to the Western Wall every day, which is really special. He also met a Hasidic family. The Hasidim are strictly religious orthodox Jews, and he experienced a lot of things that he'd heard of but never seen, for example, that women and men don't even sit in the same room.

3. Gyakorlat

Aztán Észak-Izraelbe ment, ami nagyon különbözik az ország többi területétől. Joshua észak-nyugaton volt egy kibucban. A gyerekek valamilyen óvodaféleségben tartózkodtak reggel és este, és csak délután találkozhattak a családjukkal. Volt egy ideiglenes családjuk is, akikhez délutánonként látogatóba mennek. És napi négy órát kellett dolgozniuk.

Training 3

He went afterwards to the north of Israel, which is very different from the other areas of the country. Joshua was in the Northwest, on a kibbutz. The children there stayed in a sort of kindergarten where they spent all the morning, and the night, and they only went to see their family in the afternoon. They also had a temporary family, who they went to visit in the afternoons. And they had to work for four hours a day.

4. Gyakorlat

Ezután Egyiptomba mentek, és néhány napot a tengernél töltöttek. Sokat úsztak, és gyönyörű volt egy búvár légzőcsővel látni a víz alatt. Egy egyszerű, kis kunyhóban voltak egy faluban, ahol a hagyományostól eltérő éttermek voltak, hiszen mindegyikben a padlóra helyezett párnákra kell ülni nagyon alacsony asztalok mellé, melyek fölött napellenző volt. A visszafelé vezető útjukon elhatározták, hogy Izrael határától stoppolnak. Az első arra jövő kocsi megállt mellettük.

Training 4

After that they went to Egypt and spent a few days by the sea. They swam a lot there, and it was so beautiful to see under the water with a snorkel. They stayed in a very simple little hut in a village, where there were a lot of unusual restaurants with just cushions on the floor, very short tables, and a shade up above. On their way back they decided to hitchhike from the border of Israel. The first car that came past them stopped.

5. Gyakorlat

Azonban a sofőr meglehetősen veszélyesen előzött le más autókat. Egyszer kiment az út szélére, de hirtelen észrevette, hogy az ellenkező irányból jön egy autó. És balra kanyarodott, le az útról. Elvesztette uralmát az autó felett, és beleborultak az árokba. Az autó kétszer megperdült, és aztán a tetején landolt. Gyorsan kiszálltak, de a kocsi különben nem robbant fel. Ez végzetes is lehetett volna, de csodával határos módon mindannyian viszonylag sértetlenül megúszták.

Training 5

However, the driver overtook other cars rather dangerously. Once when he moved out into the road, he suddenly saw a car coming in the opposite direction. And he swerved left, off the road. He lost control of the car and they fell into the ditch. The car turned over twice, and then landed on its roof. They got out quickly, but the car didn't explode anyway. It could have been fatal, and it was just a miracle that they all survived unharmed.

A ZENE FORGATJA A FÖLDET

Jó néhány éve dolgozom szellemi fogyatékos, fölég Down-kóros, 5 és 30 év közötti gyerekekkel és felnőttekkel. Figyelem, mennyire szeretik a zenét, és magam is zenész lévén mindig kerestem a módját, hogy zenélni tanítsam őket. Akármennyi könyvet elolvastam, és akárhány szakértővel beszéltem, mind azt mondta, hogy ez lehetetlen vállalkozás, mivel a Down-kóros gyerekek agyának azon része, amelyik a zene létrehozásáért felelős, nem működik kellőképpen. Én azonban rájöttem, hogy ez a vélemény kb. csak 10 évvel ezelőttig állta meg a helyét, mert akkor egy dr. Ulrich nevű német orvos nagyon lelkesen elkezdte tanítani az általa foglalkoztatott szellemi fogyatékos gyerekeket hangszereken játszani. Szerinte nemcsak hogy lehet, de kellene is zenélniük, mivel nagyon-nagyon hasznukra válik, és roppantul élvezik.

I work with mentally handicapped children, mostly Down's syndrome children, aged between five and thirty, and have done for a few years now. I have always observed how much they love music, and, being a musician myself, always wanted to find a way to teach them to play. All the books I ever read, however, and all the experts I ever talked to, told me that it was impossible, that in Down's syndrome kids the part of the brain which is responsible for creating music didn't function properly. However, I found out that this was only really considered true until about ten years ago, when a German called Dr. Ulrich began very enthusiastically to teach the mentally handicapped children he was working with to play instruments. He says that not only can these children play music, but that they should, as it's very very good for them, and they enjoy it enormously.

Sokféle hangszert tervezett gyerekek számára, és felismerte, hogy a fő probléma soha nem velük, hanem azzal a kottarendszerrel van, amiben a zenét lejegyzik. Véleménye szerint ennek megtanulása nemcsak a fogyatékos, hanem a normális embereknek is gondot okoz. Így hát megalkotott egy speciális zenei írásmódot, ami a megszokott sok kis fekete pont helyett különböző formákat és színeket használ a hangmagasság és a hangok időtartamának jelölésére, ami tényleg nagyon jó dolog.

He has designed a great variety of instruments that the children can play, and proposes that the main problem has always been not with the children, but with the system of notation used to write music down. This is not only difficult to learn for mentally handicapped people, he says, but for many normal people as well. So he has created a special system of writing music down which uses many different shapes and colours to represent the pitch and duration of the notes, instead of the usual mass of little black dots, and it's really very good.

Jelenleg Németországban van egy olyan iskolája, ahol a gyerekeknek naponta 3 zeneórája van. Az első reggeli óra egy nagyon boldog és vidám, énekes és táncos összejövetel, amelyen minden tanítvány részt vesz. A másik két délutáni óra keretében az új zeneolvasási rendszert, és az erre alkalmas hangszereken való játékot tanítják meg a növendékeknek. Persze mondhatod, hogy ez túl sok a gyerekeknek, ám ez egyáltalán nem így van. Nagyon szeretik csinálni, és nem csak azért, mert játszva tanulnak és zenélnek, hanem azért is, mert nagy sikereket érnek el vele, és maguk is megtapasztalhatják az eredményét. Ez az oktatás nem csupán zenei képességük fejlesztésére szolgál, hanem javítja fizikai összehangoltságukat, számolási, olvasási és koncentrációs képességüket, és sokkal könnyebbé teszi mindezek tanítását is a zenével.

Now he has a school, in Germany, where the children have three music lessons a day. The first lesson, in the morning, is a very happy, joyful session of singing and dancing, which all the pupils attend together, and the other two lessons, which take place in the afternoon, are for teaching this special new system of reading music and learning to play the instruments. You could say that this is too much for the children, but it isn't, because they like it so much, and not only do they have fun learning and playing, but they have a lot of success with it as well, and really feel a sense of achievement. Also, it is not only good for developing their musical ability, but also their physical co-ordination, counting, reading and concentration abilities, the teaching of each of which becomes much easier with music.

Ez az ember teljesen a munkájának szenteli életét, amit nyilvánvalóan szeret, és nagyon is kielégítőnek talál. Naphosszat az iskolában van és tanít, este pedig hazamegy, és új hangszertípusok terveinek kiagyalásán fáradozik. Látszólag soha nem hagyja abba a munkát, mivel hisz abban, amit csinál. Nagyon önfeláldozó és elkötelezett. Néha előadásokat tart olyan speciális oktatók és zenetanárok részére, akik az ő módszerével akarnak tanítani. Elmentem már ezek közül néhányra, és számomra az egyik legkellemesebb dolog, hogy az izgatottsága és lelkesedése az iránt, amit csinál, olyan erős, hogy az szinte már ragályos. Minden résztvevő inspirációkkal feltöltődve és ötletektől pezsegve távozik.

This man is so dedicated to his work, which he obviously loves and finds very fulfilling. He works in his school all day long, teaching, and in the evening he goes home and works there on finding out designs for new types of instruments. He never seems to stop working, as he believes in what he is doing. He's very dedicated and committed to it. Sometimes he makes courses for special teachers and music teachers who want to teach with this method. I've been on a few of these courses, and one of the nicest things about them for me is that his excitement and enthusiasm for what he does are so strong as to be contagious. Everybody who goes there leaves filled up with inspiration and bubbling with ideas.

Jelenleg 3 zenekara van, amelyek egyre híresebbé válnak. Zenéjüket már számos kazettán megörökítették, és sok-sok országban felléptek már, beleértve Portugáliát, Hollandiát, Szlovéniát és Magyarországot is. Véleményem szerint valóban nagyon jók.

He now has three orchestras, which are really becoming quite famous and have made several cassettes of their music, and

157

performed in many countries, including Portugal, Holland, Slovenia and Hungary. They are really very good, I think.

Miután megismerkedtem ezzel a módszerrel, ellátogattam Dr. Ulrich-hoz Németországba, hogy még többet megtudjak az egészről, aztán hazatérve megpróbáltam a rendszert átültetni a gyakorlatba. Már számos csoportunk van, tagjaik életkora az egészen fiataltól a felnőtt korúig terjed, és mindannyian nagyon élvezik a zenélésnek ezt a módját. Jelenleg két zenekarunk van, közülük az egyik szellemi fogyatékos vak emberekből áll, akik igazán tehetségesek, és sok koncertet adnak. Ők természetesen nem színekből és formákból álló, hanem különböző szerkezetű anyagok (pl. fa, fém, ruha) felhasználásával "íródott" kottából játszanak. A másik zenekar látó szellemi fogyatékos tagokból épül fel. Ők nemrég adtak három nagyon jó koncertet Dr. Ulrich német zenekarainak egyikével, ami nagyon jó volt és ami egyaránt nagy élmény és nagy siker volt számomra és számukra is.

So after I discovered this method, I went to visit Dr. Ulrich in Germany to find out more about it, and then returned home to start to try to put this system into practice. Today we have a lot of groups, with ages ranging from young children to adults, and they all enjoy making music in this way immensely. We have two orchestras now, one made up of mentally handicapped blind people, who are really talented, and play a lot of concerts. They play not from colours and shapes, of course, but from a type of notation which is "written" using different textured materials, like wood, metal, and cloth. The other orchestra is made up of sighted mentally handicapped people, and they have recently performed three concerts with one of Dr Ulrich's German orchestras, which were very good and were a big experience and success for me too.

Sokféle hangszerünk van, így például egy különleges pánsíp, amit darabonként rakunk össze. A gyerek először egy bizonyos hangmagasságú szólófurulyát kap, és amikor megtanulta fújni, egy másikat illesztünk rá, aztán amikor egyre több hangmagasság jelölését tanulja meg, egyre több és több különböző méretű furulyát kapcsolunk egymáshoz, míg végül összeáll a pánsíp. Nagy választék áll rendelkezésünkre húros hangszerekből is, melyek közül némelyik dallamok játszására is alkalmas szólóhangszer, némelyik pedig a kísérethez szükséges akkordokat biztosítja. Vannak fémből készült xilofonjaink és ütőhangszereink is.

We have a lot of different types of instruments, such as a special type of pan-pipes which are put together piece by piece, so first the child is given a single flute of one pitch, and when he or she has learned to blow it another can be fitted on to the side of it, of a different pitch, and as he or she learns more of the symbols for the different pitches of notes, they get more and more different sized flutes to connect onto the end of the pan-pipes. We also have a variety of stringed instruments, some of which are solo instruments, for playing melodies, and some of which provide chords for accompaniment. We have xylophones made from metal, and a range of percussion instruments.

Különböző stílusú zenéket játszanak. Előadnak gyermekdalokat, népdalokat, híres klasszikus zeneművekből származó könnyed szemelvényeket is, és még sok minden mást. Az egyik zenekarunk jelenleg néger spirituálét tanul be.

The tunes they play are from various types of music. They play children's songs, folk songs, easy excerpts from famous pieces of classical music and other things - with one of the orchestras we are presently learning a Negro spiritual.

Nagymértékben hiszek ebben a tanítási rendszerben, és nagyon remélem, hogy sokkal szélesebb körben válik majd elismertté, használata pedig általánosabbá. Nagyon kielégítőnek találom ezt a módszert, ezért tovább szeretnék vele dolgozni. Tegnap beteg voltam, de nem annyira komolyan, hogy ne tudtam volna zenélni a gyerekekkel, s mivel ez a munka nagyon fontos nekem, bementem az iskolába.

I believe in this system of teaching very much, and hope very much that it will become more widely acknowledged and that its use will become more widespread. I plan to continue to work with it, because I find it very fulfilling. Yesterday I was ill, but not so badly ill that I couldn't make music with the children, so I went in anyway, as this work is very important to me.

1. Mit csinál Shannon?
2. Miért akart nekik zenét tanítani?
3. Miért mondta neki mindenki, hogy lehetetlen?
4. Mit talált ki?
5. Mit gondol Dr. Ulrich ezeknek a gyerekeknek a zenetanulásáról?
6. Milyen ötletet vetett fel Dr. Ulrich a nehézségekre?
7. Milyen rendszert hozott létre?
8. Miben különbözött az ő rendszere?
9. Hány zeneórájuk van a gyerekeknek ebben az iskolában?
10. Milyen az első óra?
11. Mit tanulnak a többi órán?
12. Hogy segítenek ezek a leckék a gyerekek fejlődésében?
13. Milyen személy Dr. Ulrich maga?
14. Mi a legjobb dolog a lelkesedésében?
15. Most hány zenekara van?
16. Mit tesz Shannon, hogy továbbfejlessze Dr. Ulrich ötleteit?
17. Most hány zenekaruk van?
18. Kikből állnak a zenekarok?
19. Kivel adtak elő az utóbbi időkben?
20. Milyenek voltak a koncertek?
21. Mi a különös azokban a pánsípokban, amik nekik vannak?
22. Milyen más hangszeren játszanak?
23. Milyen hangokat játszanak?
24. Mit remél Shannon?
25. Mi mutatja az elszántságát ehhez a munkához?

1. What does Shannon do?
2. Why did she want to teach them to play music?
3. Why did everyone tell her it was impossible?
4. What did she find out?
5. What does Dr. Ulrich think of teaching these children to play music?
6. What does Dr. Ulrich propose about the difficulties?
7. What system has he created?
8. In what ways is his system different?
9. How many music lessons do the children have at his school?
10. What is the first lesson like?
11. What do they learn at the other lessons?
12. How can these lessons help the children develop?
13. What kind of person is Dr. Ulrich himself?
14. What is the best thing about his enthusiasm?
15. How many orchestras does he have now?
16. What does Shannon do to develop Dr. Ulrich's ideas?
17. How many orchestras do they have now?
18. Who are the orchestras made up of?
19. Who have they recently performed with?
20. What were the concerts like?
21. What is special about the pan-pipes they have?
22. What other instruments do they play?
23. What kind of tunes do they play?
24. What does Shannon hope for?
25. What shows her dedication to this work?

1. Gyakorlat

Shannon fogyatékos gyerekekkel dolgozik. Mindig azt figyeli, mennyire szeretik a zenét, és mindig keresi a módját, hogy zenélni tanítsa őket. Akármennyi könyvet elolvasott, és akárhány szakértővel beszélt, mind azt mondta, hogy ez lehetetlen vállalkozás, 10 évvel ezelőttig, amikor is Dr. Ulrich elkezdte tanítani a szellemi fogyatékos gyerekeket hangszereken játszani. Szerinte csinálniuk kellene, mivel ez nagyon jó nekik, és roppantul élvezik.

Training 1

Shannon works with mentally handicapped children. She has always observed how much they love music, and always wanted to find a way to teach them to play. All the books, however, and all the experts, told her that it was impossible until about ten years ago Dr. Ulrich began to teach the mentally handicapped children to play instruments. He says they should do it, as it's very good for them, and they enjoy it enormously.

2. Gyakorlat

Sokféle eszközt tervezett gyerekek számára, amelyen játszhatnak és felismerte, hogy a fő probléma mindig azzal a kottarendszerrel van, amiben a zenét lejegyzik. Így hát megalkotott egy speciális zenei írásmódot, ami a megszokott sok kis fekete pont helyett különböző formákat és színeket használ a hangmagasság és a hangok időtartamának jelölésére.

Training 2

He has designed a great variety of instruments that the children can play, and proposes that the main problem has always been with the system of notation used to write music down. So he has created a special system which uses many different shapes and colours to represent the pitch and duration of the notes, instead of the usual mass of little black dots.

162

3. Gyakorlat

Jelenleg Németországban van egy olyan iskolája, ahol a gyerekeknek naponta három zeneórája van. Az első reggeli óra egy nagyon boldog és vidám, énekes és táncos összejövetel, és a másik két óra keretében az új zeneolvasási rendszert, és az erre alkalmas hangszereken való játékot tanítják. A gyerekek sok sikert érnek el vele. Ez javítja fizikai összehangoltságukat, számolási, olvasási és koncentrációs képességüket.

Training 3

Now he has a school, in Germany, where the children have three music lessons a day. The first lesson is a joyful session of singing and dancing, and the other two lessons are for teaching this special new system of reading music and learning to play the instruments. Children have a lot of success with it. Also, it is good for developing their physical co-ordination, counting, reading and concentration abilities.

4. Gyakorlat

Így miután Shannon megismerkedett ezzel a módszerrel, ellátogatott Dr. Ulrich-hoz, hogy még többet tudjon meg az egészről, aztán hazatérve megpróbálta a rendszert átültetni a gyakorlatba. Már számos csoportjuk van, és mindannyian nagyon élvezik a zenélésnek ezt a módját. Jelenleg két zenekaruk van, közülük az egyik vak és a másik enyhén szellemi fogyatékos emberekből áll.

Training 4

So after Shannon discovered this method, she went to visit Dr. Ulrich to find out more about it, and then returned home to start to put this system into practice. Today they have a lot of groups, and they all enjoy making music in this way immensely. They have two orchestras now, one made up of blind and the other made up of sighted mentally handicapped people.

5. Gyakorlat

Különböző stílusú zenéket játszanak. Előadnak gyermekdalokat, népdalokat, híres klasszikus zeneművekből származó könnyed szemelvényeket is, és más dolgokat. És nemrég adtak három nagyon jó koncertet Dr. Ulrich német zenekarainak egyikével, ami egyaránt nagy élmény és nagy siker volt Shannon számára is.

Training 5

The tunes they play are from various types of music. They play children's songs, folk songs, easy excerpts from famous pieces of classical music and other things. And they have recently performed three concerts with one of Dr. Ulrich's German orchestras, which were very good and were a big experience and success for Shannon too.

EGY IGAZI VILÁGJÁRÓ

Barátom, Mike útépítő mérnök. Új-Zélandon született, de élete nagy részét Tazmániában töltötte, mivel a szülei oda emigráltak. Apja szintén valamilyen mérnök, anyja pedig könyvelő egy helyi társaságnál. Mike-nak két nővére és egy bátyja van, s azt hiszem, ő a legfiatalabb. Szülei angol születésűek, nővérei pedig Afrikában jöttek világra, amikor a szülők valahol Kenyában éltek néhány évig, ahonnan Új-Zélandra, majd Tazmániába költöztek. Egy napon elhatározta, hogy keresztül-kasul beutazza Délkelet-Ázsiát. A főiskola befejezése után végzett 4 vagy 5 évi útépítő mérnöki munkájából volt egy kis pénze. Több mint két év alatt körbeutazta Ázsiát. Megengedhette, hiszen az utazás és a megélhetési költségek Ázsiában általában nagyon-nagyon olcsók. Nem tudom, összesen hány helyre látogatott el, de azt igen, hogy eltöltött egy kis időt Indiában, a Himalája északi felén, majd a délnyugati tengerparton, és egy ideig a nepáli Katmanduban is tartózkodott. Az utóbbiban elmondása szerint sok szép templomot látott, beleértve egy majmokkal teli templomot is, és sok melegszívű és barátságos tibeti menekülttel találkozott. Azt hiszem, Thaiföldre és Pakisztánba is ellátogatott.

My friend Mike is a road engineer. He was born in New Zealand, but lived for most of his life in Tasmania, as his parents emigrated there. His father is also an engineer of one sort or another, his mother is an accountant or something like that for a local company. He has two sisters and a brother, and he's the youngest one, I guess. His parents were born in England, and his sisters were born in Africa, when his parents were living somewhere in Kenya for a few years, but they ended up living in New Zealand and then Tasmania. One day he decided he wanted to travel through southeast Asia - he had a bit of money from working as a road engineer for four or five years after he finished college. He travelled extensively in Asia over a period of about two years, and could afford to do that as travel and the cost of living in Asia are generally really, really cheap. I don't know all the places he visited there - I know he spent time in India, in the Himalayas in the

North, and by the sea on the south-west coast, and some time staying in Kathmandu in Nepal, where he recounted seeing many beautiful temples, including one full of monkeys, and meeting many warm, friendly Tibetan refugees. I think he also visited Thailand and Pakistan in that period.

A hosszú kirándulás után Londonba repült, hogy megtalálja az összes rokonát, akikkel azelőtt sohasem találkozott, és akikről csak a szüleitől hallott. Az összes Anglia szerte élő nagynénjét és nagybátyját, nagyanyóját és nagyapóját, unokatestvérét és akárkijét meglátogatta, majd mindezek után Norvégiába ment, mert ott is voltak valamiféle családtagjai. Ott tartózkodása alatt egész szép összeget keresett azzal, hogy egy halfeldolgozó üzemben fagyasztott halat lapátolt konténerekbe.

Anyway, after that long excursion he flew to London to find all the relatives he had never met before, who he had only heard his parents speaking about. He met all his aunts and uncles, grannies and granddads, cousins and whatever, who lived all over England, and then went on to Norway, as he had some kind of family there as well. During the time he spent in Norway he worked in a fish factory shovelling frozen fish into containers, and made a fair amount of money doing it.

Aztán visszament Angliába, és az egyik barátjától vett egy nagyon jó, kb. 13 éves, dízelmotoros lakókocsit. A tetőt elhúzható műanyag fedéllel ki lehetett nyitni, és így felállhattál benne. A kocsiban hátul 6, elől pedig 3 ember számára elegendő ülőhely, és egy összecsukható franciaágy volt. És nyitott volt, mivel a vezető és a lakórész között nem volt válaszfal. Hátul volt egy kis konyhája, egy kis faliszekrénye, és fiókjai mindenféle egzotikus étellel és fűszerrel tele, egy tetőbe épített tankból pedig folyó víz jött. Mindene megvolt, ráadásul szépen el is volt rendezve. Volt benne egy gyönyörű hangrendszer is. Nem a legjobb minőségű magnó volt, de 4 nagy teljesítményű hangszóróval rendelkezett, kettő elől és kettő hátul, melyeket úgy szereztek be a piacon, hogy darabokra szedtek egy-két video automatát. A barát, aki előzőleg birtokolta a kocsit, bolondult a hifi berendezésekért, így mindent tudott egy ilyen rendszer felépítésének megfelelő módjáról. Nyakig benne volt a "hangmérnökösködésben", tehát papírcsöveket ragasztott a hangszórók hátuljához, és a csövek hossza, a kocsi falától való távolságuk, a hangszórók elhelyezkedése mind-mind azért volt olyan pontosan kidolgozva, hogy a lehető legtökéletesebb hangzást szolgálja.

Then he went back to England and purchased a mobile home from a friend, a really nice one, about thirteen years old, with a diesel engine. The roof was elevated by an extendible plastic cover, so you could stand up inside it. He had a double bed in it, which folded up, and enough seats for six people in the back and three in the front, and it was all open, with no division between the driving and living sections. He had a small kitchen in the back, a small cupboard, and drawers with all kinds of exotic foods and spices in them, and running water coming from a tank which was built into the top. He had everything, and it was a really nice arrangement.
He also had a beautiful sound-system in it. Not that the tape recorder was of fantastic quality, but he had four speakers, two in the front and two in the back, which were purchased in a market where they take apart these video slot-machines, so they were heavy duty speakers. The friend who owned the van before him was a hi-fi maniac, so he knew all about the proper way to set up a system - he was into this "sound engineering" thing - so he attached paper tubes to the back or the speakers, and the whole thing, the length of the tubes, their distance from the walls of the van, the position of the speakers, all these things were precisely worked out to give the best possible sound.

A barátja adott egy hatalmas kazettásdobozt is, amiben 150-200 darab valóban jó kazetta volt, melyeket az út során tudott hallgatni, ezenkívül Mike otthonról is elhozta néhány régi darabját. A kocsiban azelőtt sohasem hallott népzenék, azaz "világzenék" voltak. Némelyik úgy hangzott, mintha egy másik bolygóról került volna oda. Képzelj el egy olyan bandát, amiben agy afrikai, egy ír, és talán egy dél-amerikai fickó általad eddig nem ismert hangszereken játszott.

167

His friend also left him a huge box of tapes to use during his trip, with a hundred and fifty or two hundred cassettes, really nice ones, and he had his old ones, a few, which he had brought from home. There were all kinds of music which I'd never heard before, folk music, a lot of "world music". Some of it sounded like it came from a different planet. Imagine a band where there's an African guy, an Irish guy, someone from South America maybe, and they all play instruments you've never heard of.

Volt néhány kazetta, melyen az ausztrál őslakók által használt hagyományos hangszer, a didgeridoo kapott szerepet. Tudod, az ausztrálok nem alkalmaznak sok hangszert a zenéjükben, inkább csak énekelnek és didgeridoon játszanak. A didgeridoo egyfajta több mint egy méteres cső, ami az eukaliptuszfa ágából készül, aminek a benne élő termeszek az évek alatt kirágják a belsejét. Amikor ugyanis már mindent megesznek, amit tudnak, az ág üregessé válik. Az őslakosok megkeresik ezeket az ágakat, letisztítják, és szent jeleket festenek rájuk, aztán pedig úgy játszanak rajtuk, hogy az egyik végénél megrezegtetik az ajkukat. Búgó hangot, ritmikus lüktetést adnak ki magukból, és azáltal, hogy változtatják a szájformájukat, különböző hangokat keltenek, melyekkel az ausztrál síkság állatainak és madarainak hangját utánozzák. Ez a hang nagyon érdekes, néha relaxáló és hipnotizáló hatású, máskor pedig izgalmas és élénkítő. A hang folytonos, szünet nélküli. Ezt úgy érik el, hogy egy különleges légzésfajtát, az ún. "körkörös légzést" alkalmazzák, melynek során az arcból kifújt levegő távozásával egyidejűleg történik a tüdőbe való belégzés. Ez igazán érdekes!

He had a few tapes of music featuring the didgeridoo, which is a traditional instrument of the Australian aborigines. You know, they don't have many instruments in their music, mostly just singing and the didgeridoo. The didgeridoo is a kind of tube, over a metre long, which is made from a branch of eucalyptus tree which has been hollowed out over the years by termites, little insects which eat the inside of the branch, living there for a while in large groups. And when they've eaten all they can, the tube is left completely hollow. The aboriginal people look for these in the outback, polish them up, paint sacred symbols on them, and then play them by vibrating their lips against one end of the tube. They make a kind of droning sound, sometimes making a rhythmic pulse, sometimes changing the shape of the mouth to make different noises, such as sounds to imitate those made by the animals and birds of the Australian outback. It's a really interesting sound, at times relaxing and hypnotising and at other times exciting and invigorating. Also, the sound is continuous. It doesn't have breaks in it. They achieve this by using a special kind of breathing, "circular breathing", which involves breathing out from the cheeks and into the lungs at the same time. It's really interesting!

Miután barátom megszerezte a lakókocsiját Angliában, egyenesen hajtott is tovább Európába, hogy meglátogassa az öreg kontinens különböző országaiban élő barátait, és megtekintse a természet alkotta érdekességeket. Nagyon szereti a természetet, és úgy látszik, leküzdhetetlen vágyat érez aziránt, hogy lehetősége szerint minél több helyet és dolgot megnézhessen. Mindent egybevetve, igazi világjáró módjára 4 évet utazgatott a nagyvilágban. Most hazatért "szülővárosába", Tazmániába, hogy befejezze annak a háznak az építését, amit elutazása előtt kezdett el. Épp most kaptam tőle egy levelet, melyben azt írja, hogy amikor befejezi, el akar menni a nővéreihez, akik jelenleg az északkelet-ausztráliai Queenslandben élnek. Egy ideig ott akar majd dolgozni, valószínűleg útépítő mérnökként, aztán újabb néhány évre útra kel lakókocsijával.

Anyway, after getting his mobile home in England, he just drove around Europe, visiting friends in different countries and visiting sights of natural interest all over Europe, as he loves nature and seems to have a great desire to see as many places and things as he possibly can. Altogether, he was travelling around for about four years, being a real globe-trotter. Now he's returned to his parents' place in Tasmania to finish building a house there that he started a while before he left. I just got a letter from him saying that when he finishes that, he wants to go and visit his sisters, who now live in Queensland in north-east Australia, and work there for a while, probably as a road engineer, then hit the road again for another few years.

1. Mi Mike?
2. Hol született?
3. Hol élte le élete java részét?
4. Hol születtek a szülei?
5. Hol születtek a nővérei?
6. Hogy döntött, hová utazik először?
7. Mennyi ideig utazgatott Ázsiában?
8. Hogy engedhetett meg egy ilyen hosszú utazást?
9. Milyen helyeket és országokat látogatott meg?
10. Hová repült azután?
11. Kivel akart ott találkozni?
12. Hogy történt, hogy Norvégiába is elment?
13. Mit csinált, amíg Norvégiában élt?
14. Mit vásárolt, amikor visszajött Angliába?
15. Mi volt különös a furgon tetejében?
16. Milyen bútorzata és felszereltsége volt a furgonnak?
17. Mi volt különös a furgon hangrendszerében?
18. Ki állította be a hangrendszert?
19. Milyen zenét hagyott ott neki az a barát?
20. Mi a didgeridoo?
21. Miből készül?
22. Milyen hangot ad ez a hangszer?
23. Mit csinált Mike, miután megkapta a lakókocsit?
24. Miért tért vissza Tasmania-ba?
25. Mit fog csinálni, miután befejezi a házat?

1. What is Mike?
2. Where was he born?
3. Where did he live for most of his life?
4. Where were his parents born?
5. Where were his sisters born?
6. Where did he decide to travel first?
7. How long did he travel around Asia?
8. How could he afford such a long journey?
9. Which places and countries did he visit?
10. Where did he fly after that?
11. Who did he want to meet there?
12. How did he happen to go to Norway as well?
13. What did he do while he was living in Norway?
14. What did he buy when he came back to England?
15. What was special about the roof of the van?
16. What furniture and facilities did the van have?
17. What was special about the sound-system he had in the van?
18. Who set up the sound system?
19. What kind of music did that friend leave him?
20. What is a didgeridoo?
21. What is it made from?
22. What kind of sound does this instrument produce?
23. What did Mike do after getting the mobile home?
24. Why has he returned to Tasmania?
25. What is he going to do after he finishes the house?

1. Gyakorlat

Barátom, Mike, útépítő mérnök. Új-Zélandon született, de élete nagy részét Tazmániában töltötte. Két nővére és egy bátyja van. Szülei angol születésűek, nővérei pedig Afrikában jöttek világra, amikor a szülők valahol Kenyában éltek néhány évig, ahonnan Új-Zélandra, majd Tazmániába költöztek.

Training 1

My friend Mike is a road engineer. He was born in New Zealand, but lived for most of his life in Tasmania. He has two sisters and a brother. His parents were born in England, and his sisters were born in Africa, when his parents were living somewhere in Kenya for a few years, but they ended up living in New Zealand and then Tasmania.

2. Gyakorlat

Egy napon elhatározta, hogy keresztül-kasul beutazza Délkelet-Ázsiát. Volt egy kis pénze, mivel négy vagy öt évig dolgozott útépítő mérnökként. Több mint két év alatt alaposan körbeutazta Ázsiát. Eltöltött egy kis időt Indiában, a Himalájában, a tengernél, és a nepáli Katmanduban is tartózkodott, ahol sok szép templomot látott, beleértve egy majmokkal teli templomot is, és sok barátságos tibeti menekülttel találkozott. Thaiföldre és Pakisztánba is ellátogatott ebben az időszakban.

Training 2

One day he decided to travel through south-east Asia. He had a bit of money from working as a road engineer for four or five years. So he travelled extensively in Asia over a period of about two years. He spent time in India, in the Himalayas, by the sea , and in Kathmandu in Nepal, where he saw many beautiful temples, including one full of monkeys, and met many friendly Tibetan refugees. He also visited Thailand and Pakistan in that period.

3. Gyakorlat
A hosszú kirándulás után Londonba repült, hogy megtalálja az összes rokonát, akikkel azelőtt sohasem találkozott. Az összes Anglia szerte élő nagynénjét és nagybácsiját, nagyanyóját és nagyapóját, unokatestvérét és akárkijét meglátogatta, majd mindezek után Norvégiába ment, mert ott is voltak valamiféle családtagjai. Ott tartózkodása alatt egész szép összeget keresett azzal, hogy egy halfeldolgozó üzemben fagyasztott halat lapátolt konténerekbe.

Training 3
After that long excursion he flew to London to find all the relatives he had never met before. He met all his aunts and uncles, grannies and granddads, cousins and whatever, who lived all over England, and then went on to Norway, as he had some kind of family there as well. During the time he spent in Norway he worked in a fish factory shovelling frozen fish into containers, and made a fair amount of money doing it.

4. Gyakorlat
Aztán visszament Angliába, és az egyik barátjától vett egy dízelmotoros lakókocsit. A kocsiban hátul hat, elől pedig három ember számára elegendő ülőhely, és egy franciaágy volt. Hátul volt egy kis konyha, egy tetőbe épített tankból pedig folyó víz jött. Mindene megvolt, és szépen el is volt rendezve.

Training 4
Then he went back to England and purchased a mobile home from a friend, with a diesel engine. He had a double bed in it, and enough seats for six people in the back and three in the front. He had a small kitchen in the back, and running water coming from a tank which was built into the top. He had everything, and it was a really nice arrangement.

5. Gyakorlat

Aztán tovább hajtott Európába, hogy meglátogassa az Európa szerte élő barátait, és megtekintse a természet alkotta érdekességeket. Mindent egybevetve, igazi világjáró módjára négy évet utazgatott a nagyvilágban. Most hazatért "szülővárosába", Tazmániába, hogy befejezze a házépítést. Amikor befejezi, el akar menni a nővéreihez, akik jelenleg Ausztráliában élnek, egy ideig ott akar majd dolgozni, aztán újabb néhány évre útra kel.

Training 5

Then he just drove around Europe, visiting friends and sights of natural interest all over Europe. Altogether, he was travelling around for about four years, being a real globe-trotter. Now he's returned to his parents' place in Tasmania to finish building a house. When he finishes that, he wants to go and visit his sisters, who now live in Australia, and work there for a while, then hit the road again for another few years.

SZOMSZÉDOK

Barátnőmmel egy Budapest XI. kerületében lévő meghitt lakásban élünk, melyben egy hálószobaként is használt nagy nappali, egy kis konyha, egy fürdőszoba és egy folyosó található. Meglehetősen kicsi, de meg vagyunk vele elégedve, különösen a hosszú téli időszakokban, mert könnyen fűthető. A ház egyike a háború utáni bérházaknak, és hozzávetőleg 30 lakás található benne. Bár sok szomszédunk van, azt hiszem, hogy az egész épületben egyedül mi vagyunk 30 év alattiak. Szomszédjaink meglehetősen öregek, és többnyire nagyon kedvesek, de néhányuk eléggé bosszantó. Nem valami gyakran beszélünk velük azonkívül, hogy válaszolunk a fenyegetéseikre, vagy egy s másért kiabálnak velünk.

My girlfriend and I live in a cosy little flat in the eleventh district of Budapest, with one big living room, which we sleep in, a tiny little kitchen, a bathroom and a hallway. It's quite a small place, but that's okay, especially in the winter, as winters here are very long and it's easy to heat. It's one of these post-war apartment buildings with about thirty apartments, at a rough guess. So we have plenty of neighbours, although I do believe that we're the only people below thirty years old that live in the entire building. Our neighbours are all quite old, and mostly sort of kind, but some of them get quite angry. We don't talk to them very often, except when we're responding to their threats, or when they're yelling at us for one reason or another.

Néhányan nagyon támadóak tudnak lenni, hiszen sikerült elzavarniuk legutóbbi közvetlen szomszédainkat, egy csapat harminc év körüli fiatalt. Míg mi csak béreljük lakásunkat, a többség lakástulajdonos. A szomszédunkban lakók egy keresztény felekezethez tartoztak. Azt nem tudom melyikhez, de gyakran énekeltek keresztény dalokat. Szerintem kórustagok voltak, vagy valami hasonló. Elhatározták, hogy a lakásban veszik fel a dalaikat, és azt hiszem, stúdióként használták a helyet. A nap különböző óráiban emberek jöttek-mentek hozzájuk, a többi szomszéd pedig nem volt túl boldog emiatt. Különösen az alattuk lakó nő, aki amúgy is teljesen elmebeteg.

Some of them can be pretty offensive - in fact, they managed to drive out our last next-door neighbours, who were also a younger group of people, I think aged about thirty. The rest of the tenants are apartment owners, whereas we just rent our flat. Anyway, the people living next door to us belonged to a Christian group. I'm not sure what denomination they were, but they were really into singing Christian songs. I think that they belonged to a choir, or something like that. They decided that they would record their songs in the apartment, I think. It seemed that the place was being used as a studio. There were many people coming and going at various hours of the day, and the other neighbours weren't too happy about this, especially the woman below them, who is, in fact, mad. She's completely insane.

Ha be akarsz menni az épületbe, fel kell csöngetned a kaputelefonon, ami zavaróan éles, berregő hangot hallat, és úgy tud beengedni az, akihez jöttél. Az ajtón van egy felirat, hogy ne csapják be, de természetesen legtöbb látogatónk nem tud magyarul, így a kiírást sem érti, és hagyja az ajtót becsapódni. Ez érthetően nagyon zavarja a bejárat jobb oldalán lakó hölgyet. Úgy tesz, mintha az egész épületnek valamiféle kapusa lenne. Meglehetősen öreg, de néha mégis összeszedi minden energiáját, és jól megijeszti az embereket. Bárkit megkérdezhetsz, aki már járt nálunk, és szembetalálkozott vele.

In order to enter the building, you need to ring the buzzer, which makes an annoying high-pitched droning noise, before you can be let in by the person you're visiting. Now, there's a note on the door saying not to slam it shut, but, of course, most of the people who come to visit us can't read Hungarian, so they don't understand what it says and they let the door slam shut. That, understandably, really annoys the woman who lives right next door to the entrance. She acts as a kind of gatekeeper for the whole building. She's quite old, but she can sometimes muster up enough energy to really

176

scare the wits out of people. You could ask anyone who's come to visit us and has been confronted by her!

Mindazonáltal kedves, idős hölgy. Nem keverendő össze a második emeleti őrült nővel, aki régi szomszédjaink jelenleg üres harmadik emeleti lakása alatt lakik. Mint már említettem, bolond. Bárkire ráüvölt, aki belép a házba, és megpróbálja kideríteni, hogy kik ők, mit csinálnak, és kihez jöttek látogatóba. Sőt, egyszer azt követelte barátaimtól, hogy mondják meg, miért vannak az országban. Azt hiszem, gyűlöli az idegeneket, és agresszivitásáról már számtalanszor bizonyságot tett. Egyszer vitázni kezdett a szomszédban lakó keresztény kórussal. Nem tudom pontosan, de valahol a második és harmadik emelet között találkoztak félúton, szóváltásba keveredtek, és hosszan "csatáztak" egymással. A néni azt mondta nekik, hogy nem szabad folyton vendégeket hívniuk az épületbe, mert a ház nem istálló, ahol bárki éjjel-nappal ki-be futkározhat. Azt hiszem, a korából fakadó tekintélyét próbálta hangsúlyozni és kihasználni. Akárhogy is történt, ő még mindig itt lakik a házban, szomszédjaink azonban már nem. Remélem, nem mi leszünk a következők!

She's a sweet old lady really, though. She's not to be confused, however, with the insane woman who lives on the second floor, underneath our old neighbours' flat next to us on the third floor, which is now empty. Like I said before, she's mad. She screams at anyone who enters the building, attempting to find out who they are, what they're doing, who they're going to visit, and, in fact, she even demanded some of our friends tell her why they were in the country! I think she's the house xenophobe, and she's proved her aggressiveness on several occasions, one of them being when she had it out with the Christian choir living next door to us. She had a shouting battle with them from the second floor up to the third floor, in fact, maybe they met halfway, I'm not sure, to exchange words. She told them that they shouldn't have guests coming into the building all the time, and that the house is not a barn for people to be running in and out of all the time. I think she was trying to assert the authority of her age, I'm not sure, but anyway, she still lives there and the people next door don't any more. I hope we're not next!

Ez a hölgy néha összefog a közvetlen alattunk lakó K-néval. Ő egy meglehetősen alacsony, idős asszony, aki szeret a hálóköntösében föl-alá sétálgatni. Gyakran feljön hozzánk látogatóba, mert a fürdőszobapadlónk miatt gyakran átázik a mennyezete. Szerintem a szivárgás valahonnan a mi padlónk és az ő mennyezete közötti csövekből jön, mivel gyakran nedves a plafonja akkor is, ha a mi padlónk nem az. Szóval, időről-időre feljön, és meglátogat minket. Néha viseli a műfogsorát, néha pedig nem, ami azt eredményezi, hogy nem mindig könnyű megérteni, amit mond. Ráadásul az én magyar tudásom sem a legfantasztikusabb. A néninek ezenkívül nagyon rövid és ritkás haja van. Amikor vásárolni megy, beteszi a fogait, és valamilyen mályvaszínű rúzst mázol a szájára, de amikor hozzánk jön panaszkodni, rendre megfeledkezik a fogsoráról, és csak egy szál hálóköntösben állít be a lakásunkba. Mint mondtam, alkalmanként összefognak a másik hölggyel, hogy valami miatt panaszukat fejezzék ki.

Sometimes, on occasion, she teams up with the woman who lives directly below us, whose name is Mrs. K.. She's a really short little old lady who likes to walk around in her dressing-gown, and she frequently comes up to visit us, because our bathroom floor leaks through to her bathroom ceiling. Actually, I think the leak is coming from a pipe somewhere between our floor and her ceiling, as she often has a wet ceiling even when we haven't had a wet floor. So, she comes up and visits us from time to time. Sometimes she's wearing her teeth and sometimes she's not, which can make it more or less easy to understand her - my Hungarian isn't fantastic at the best of times. She has very short, thinly- spread hair. When she goes out shopping she puts in her teeth and wears a smudge of sort of mauve-coloured lipstick, but when she wants to come and complain to us, she usually forgets her teeth and just wears a nightgown. As I said, she sometimes teams up with the other lady on the premise of complaining about something, usually.

Szerintem K-né is őrült egy kicsit. Meglehetősen bogaras. Mindig csak akkor jött fel hozzánk, ha a beázás miatt panaszkodni akart, ám újabban kevésbé kötekedő. A minap reggel fél 8-kor ugrasztott ki az ágyból engem és a barátnőmet, ami kissé készületlenül ért minket. Megmutatott egy levelet, ami az Egyesült Államokból érkezett vissza hozzá. A levelet a következőképpen címezte meg: "Paramount Pictures, Hollywood, California." Ha el akartam olvasni, ki kellett betűznöm az elmaszatolódott macskakaparást, - ha meg tudnám mutatni neked, megértenéd - és nem tudta a pontos címet. Szerintem csak reménykedett abban, hogy odaér, de a levél angolul "vissza a feladóhoz" pecséttel jött vissza, tehát nyilván eljutott az Államokba, de a cím elégtelen volt. Ő korán reggel feljött hozzánk, és kijelentette, hogy mivel amerikai vagyok, tudnom kell, mi ez az egész. Szerinte valamilyen úton-módon én voltam a felelős érte, és követelte, hogy hozzam helyre a hibát. Fontolóra vettük a kérését, és megegyeztünk, hogy beleolvasunk a levélbe. Mivel azt akarta, hogy rögtön nézzük meg, megtettük. Elmondta, hogy van egy Richard Dean Anderson nevű színész, aki MacGyvert játssza egy TV-sorozatban. Én azonban nem ismertem. K-né hozzá akarta eljuttatni a levelet, mivel elmondása szerint szerelmes a férfiba, és egy képet akar róla. Mellékelt ugyan a borítékban egy TV-magazinból kivágott képet, de nagyobbat akart. Első nekifutásra nem igazán értettem ezt a magyar szóáradatot, de szerencsére barátnőm, Vera is ott volt, és segített nekem. Végül megértettük, mi a probléma, és közöltük vele, hogy megpróbáljuk megtudni a valódi címet, újraírjuk a levelet, és elküldjük Amerikába. Az egész levél tulajdonképpen magyarul íródott, s a hölgy valahogy azt képzelte, hogy azok, akik elolvassák, tudnak magyarul, és haladéktalanul küldenek neki egy képet.

Actually, I think Mrs. K. is a little mad also. Pretty crazy. She used to only visit us when she wanted to complain about the drip coming from her ceiling, but of late she's become less belligerent. The other day she woke us up at seven thirty in the morning, catching us a little off our guard, to show us a letter which had been returned to her from the US. She'd addressed this letter to "Paramount Pictures, Hollywood, California". It took some deciphering to even read that much, as the writing was a blurred scrawl - if I could show it to you you'd understand - and she didn't know the exact address. I think she just hoped it'd get there. It came back with a notice stamped on it saying, "Return to sender", in English, so it had obviously reached the States but the address had been insufficient. She came up to us claiming that since I was American I should know what this was all about, that as an American I was in some way responsible for it, and that I should somehow rectify the issue. We accepted her request and said we'd look into it. She wanted us to look at the letter right there, so we had a look at it, and she explained that there's an actor called Richard Dean Anderson, who plays a television character called MacGyver, who I wasn't familiar with. The letter was supposed to somehow get to him, as she explained that she's in love with him, and she wanted a picture of him. She had a small picture that she had cut out of some TV magazine, which she had enclosed in the envelope, but she wanted a big picture of him. All of this came out in a burbling stream of Hungarian, which I don't really understand very well in the first place, but luckily my girlfriend Vera was there to help me. So we finally understood what the problem was, and told her we'd try to find out what the real address was and send it on, and rewrite the letter. You see, the whole thing was actually written in Hungarian, so she had assumed somehow that the people who were going to read this letter would understand Hungarian, and promptly get a picture and send it to her.

Szóval rögtön láttuk, hogy ez így nem fog menni, és le kell fordítanunk neki a levelet angolra. Amikor ezt közöltük vele, roppant izgatott lett. Lefordítottuk a levelet, és valahol találtunk egy címet, ahová elküldhettük.

So, we immediately saw that this wouldn't work, and that we'd have to translate the letter into English for her, which we immediately said we'd do as she was getting quite excited at that point. We did that, and somehow found an address which we could send the letter to.

A levél valahogy így szólt:
"Tisztelt illetékes!
Szívélyesen megkérem önt, hogy küldjön nekem egy fotót Richard Dean Andersonról, MacGyver megformálójáról, és szeretném közölni vele, hogy nagyon szívesen látnám otthonomban.
Fáradozását előre is köszönöm! K-né"

The letter went something like this:
"To whom it may concern,
 I'm kindly requesting that you send me a photo of Richard Dean Anderson, the actor who plays MacGyver, and would like you to inform him that he's very welcome to visit me.
Thanking you kindly in advance, Mrs. K."

1. Hol él Paul és Vera?
2. Miért nem számit nekik, hogy a lakásuk nagyon kicsi?
3. Milyen fajta épületben élnek?
4. Hány szomszédjuk van?
5. Hány évesek mindnyájan?
6. Milyenek?
7. Mikor elkerülhetetlen Paul és Vera számára, hogy beszéljenek velük?
8. Mi történt Paul és Vera legutóbbi közvetlen szomszédaival?
9. Mit szerettek nagyon azok a szomszédok?
10. Mit akartak csinálni a lakásban?
11. Mi volt a probléma azzal a lakással, amelyet stúdiónak használtak?
12. Mit kell tenned, hogy belépj az épületbe?
13. Miért idegesítik annyira a gyakori látogatók a szomszédokat?
14. Miért hagyják Paul vendégei, hogy becsapódjon az ajtó?
15. Mit tehet a bejárat mellett lakó idős asszony a gondatlanvendégekkel?
16. Mért nem tévesztendő össze azzal, aki a második emeleten lakik?
17. Hogy reagál az utóbbi arra, aki belép az épületbe?
18. Mit követelt meg néhány barátjától?
19. Hogy sikerült kitessékelnie a közvetlen szomszédban lakókat?
20. Kikkel működik néha együtt?
21. Miért kell gyakran találkozniuk azzal a nővel, aki alattuk lakik?
22. Hogy néz ki?
23. Mit gondol róla Paul?
24. Miért és mikor hozta át nekik a hollywood-i levelet?
25. Mi volt különös a levélben?

1. Where do Paul and Vera live?
2. Why don't they care that their flat is quite small?
3. What kind of building do they live in?
4. How many neighbours do they have?
5. How old are all of them?
6. What are they like?
7. When can't Paul and Vera help talking to them?
8. What happened to Paul and Vera's last next-door neighbours?
9. What were those neighbours fond of?
10. What did they want to do in the apartment?
11. What was the problem with the apartment being used as a studio?
12. What do you have to do to enter the building?
13. Why are frequent visitors so annoying for the neighbours?
14. Why do some of Paul's guests let the door slam shut?
15. What can the old lady living next to the entrance do to careless guests?
16. Why is she not to be confused with the one who lives on the 2nd floor?
17. How does the latter react to anyone who enters the building?
18. What did she demand some of their friends do?
19. How did she manage to drive their next-door neighbours out?
20. Who does she sometimes team up with?
21. Why do they often have to meet the woman who lives below them?
22. What does she look like?
23. What does Paul think of her?
24. Why and what time did she bring the letter to Hollywood to them?
25. What was peculiar about that letter?

1. Gyakorlat

Paul és Vera egy Budapest XI. kerületében lévő kis lakásban élnek. A ház egyike a háború utáni bérházaknak, és hozzávetőleg harminc lakás található benne. Szóval sok szomszédjuk van. A szomszédok mind meglehetősen öregek, és néhányuk eléggé bosszantó. Nem valami gyakran beszélnek velük azonkívül, hogy válaszolnak a fenyegetéseikre, vagy amikor Paullal és Vera-val üvöltöznek.

Training 1

Paul and Vera live in a little flat in the eleventh district of Budapest. It's one of post-war apartment buildings with about thirty apartments. So they have plenty of neighbours. Their neighbours are all quite old, and some of them get quite angry. They don't talk to them very often, except when they're responding to their threats, or when they're yelling at Paul and Vera.

2. Gyakorlat

Valójában sikerült elzavarniuk Paul legutóbbi közvetlen szomszédait, akik egy keresztény felekezethez tartoztak, és gyakran énekeltek dalokat. A lakásban akarták felvenni a dalaikat. És a többi szomszéd pedig nem volt túl boldog emiatt, különösen az alattuk lakó nő. Szócsatázott velük, és mondta nekik, hogy nem kellene folyton vendégeket hívniuk az épületbe. Még mindig ott él, de azok többé már nem.

Training 2

In fact, they managed to drive out Paul's last next-door neighbours who belonged to a Christian group and were into singing songs. They wanted to record them in the apartment. And the other neighbours weren't too happy about this, especially the woman below them. She had a shouting battle with them and told them that they shouldn't have guests coming into the building all the time. She still lives there but they don't any more.

3. Gyakorlat

Ha be akarsz menni az épületbe, fel kell csöngetned a kaputelefonon, ami zavaróan éles hangot hallat. Az ajtón van egy felirat, hogy ne csapják be, de Paul legtöbb látogatója nem tud magyarul, így hagyják az ajtót becsapódni. Ez érthetően nagyon zavarja a bejárat jobb oldalán lakó hölgyet. Meglehetősen öreg, de néha mégis összeszedi minden energiáját, és jól megijeszti az embereket.

Training 3

In order to enter the building, you need to ring the buzzer, which makes an annoying high-pitched noise. Also, there's a note on the door saying not to slam it shut, but most of Paul's visitors can't read Hungarian, so they let the door slam shut. That, understandably, really annoys the woman who lives right next door to the entrance. She's quite old, but she can sometimes muster up enough energy to really scare the wits out of people!

4. Gyakorlat

És ott van még a közvetlen Paul alatt lakó K-né. Ő egy meglehetősen alacsony, idős asszony, aki szeret a hálóköntösében föl-alá sétálgatni. Gyakran felmegy hozzájuk látogatóba, mert a fürdőszobapadlójuk miatt átázik a mennyezete. Néha viseli a műfogsorát, néha pedig nem, ami miatt nem mindig könnyű megérteni, amit mond.

Training 4

There is also Mrs. K. who lives directly below Paul. She's a really short little old lady who likes to walk around in her dressing-gown, and she frequently comes up to visit them, because their bathroom floor leaks through to her bathroom ceiling. Sometimes she's wearing her teeth and sometimes she's not, which can make it difficult to understand her.

5. Gyakorlat

Egyszer reggel fél 8-kor ébresztette fel őket, hogy megmutasson egy levelet, ami az Egyesült Államokból érkezett vissza hozzá. Kijelentette, hogy mivel Paul amerikai, tudnia kell, mi ez az egész. A levelet állítólag egy hollywood-i színészhez akarta eljuttatni, mivel egy képet akar róla. Így közölték vele, hogy megpróbálják megtudni a valódi címet, és újraírják a levelet, mivel az egész levél tulajdonképpen magyarul íródott.

Training 5

Once she woke them up at seven thirty in the morning to show them a letter which had been returned to her from the US. She claimed that since Paul was American he should know what this was all about. The letter was supposed to get to some actor in Hollywood, as she wanted a picture of him. So they told her they'd find out what the real address was and rewrite the letter as the whole thing was actually written in Hungarian!

186

UTAZÁSOK A SZAXOFONOM TÁRSASÁGÁBAN

Anglia déli részéből Dublinba utaztam egyfajta kerülőutat téve, és azt terveztem, hogy észak felé utazom Skócián át egy darabig, majd az Ír-tengeren át Észak-Írországba megyek, aztán dél felé Dublinba tartok. Egy mirigyláz miatt azonban meg kellett állnom Glasgow-ban. Ez egy vírusos betegség, ami a tüdőket és a torkot támadja meg, és kivisz minden energiát a testedből. Tehát ott kellett maradnom visszanyerni az egészségemet. Amikor a kórházból kijöttem, nem volt hová mennem, így egy hajléktalanszállón húzódtam meg. A meglehetősen zord hely legtöbb lakója börtönjárt ember volt, tehát nem volt valami kellemes odabent. Nem volt pénzem, úgyhogy az utcán kezdtem el zenélni újonnan szerzett szaxofonommal.

I was travelling, on my way to Dublin in a sort of roundabout way, coming from the south of England up to Scotland, and I was planning to go up around Scotland for a while, across the Irish sea to Northern Ireland, and then down south to Dublin. However, I got stopped in my tracks in Glasgow by catching glandular fever, a viral disease which attacks your lungs and your throat and takes all the energy out of your body, so I had to stay there to recuperate. Having nowhere to go when I came out of the hospital, I went into a homeless hostel, which was quite a rough place, as most of the people there had come there from prison, so it wasn't very nice really. I didn't have any money, so I started busking with my newly acquired saxophone.

Mivel karácsony időszaka volt, karácsonyi énekeket játszottam, és a dallamukra mindenféle változatokat improvizáltam. A hét minden napján kiálltam az utcára zenélni, és elég hosszú ideig egész hónapban csak ezt csináltam. Így tanultam meg szaxofonozni. Nagyon sok barátságos emberrel ismerkedtem meg, főleg a többi utcazenésszel. Ebben a zenészkultúrában mindenki ismert mindenkit. Legtöbbjüket nem a nevükön szólították. Én például "A kis ír szaxofonos" voltam. Egy "Billi Hendrix" becenevű alacsony fickó kis elemes erősítőjén és elektromos gitárján egész este Jimi Hendrix dalokat játszott, és szépen keresett vele. Volt egy másik szaxofonos, aki úgy nézett ki, mint aki most lépett elő a Muppet Show-ból, ami egy gyerek TV-műsor sok fiatal bábbal a főszerepben, akik csak szaladgálnak, és jól érzik magukat. Tényleg úgy nézett ki, mint egy báb.

It was around Christmas time, so I played a lot of Christmas carols and improvised variations on their tunes. So I'd go out busking every day of the week, every day of the month, for what seemed like a really long time, and that's how I learned to play the saxophone. I got very friendly with a lot of people from there, especially with a lot of the other buskers - there was a sort of busker culture where everybody knew everybody else. Most people were not spoken of by their names - I was, for instance, "The little Irish man who plays the saxophone". There was "Billy Hendrix", a small guy who had a little amplifier powered by batteries and an electric guitar, who used to play Jimmy Hendrix songs all night, and who used to make a lot of money doing that. There was another saxophone player who looked like someone out of "The Muppets", a children's TV programme where we come from featuring a lot of young puppets who just run around having a good time. He really looked like a muppet.

"Nagyhangú Billy" nagyon hangosan, utánozhatatlan stílusában és lassú rock számokat énekelt. Mérföldekre elhallatszott a hangja. Tőle értesültem egy Glasgow keleti részén lévő kiadó lakásról, mely egy garzonokkal teli házban volt. Az egyikben lakott ő is. A garzonlakás egy olyan szoba, melyben egy ágy és egy tűzhely van. Ha munkanélküli vagy, engedményekben részesülhetsz, a háziúr pedig nagyon megértő. Ha előre kifizetsz egyhavi lakbért és száz font foglalót, kiveheted a lakást.

Then there was "Billy with the Loud Voice", who used to sing slow rock songs in his own inimitable fashion, singing very loudly. You could hear him from miles away. He let me know of a place for rent on the west side of Glasgow. It was a house full of bedsits, one of which he occupied - a bedsit being a room with a bed and a cooker in it. If you were unemployed you could apply for housing benefit, and there was a particularly understanding landlord who, if you gave him one month's rent in advance, and one hundred pounds as a deposit, would let you a room.

Elhatároztam, hogy megpróbálom kivenni, s ezért egész nap keményen dolgoztam az utcán, és próbáltam annyi pénzt összeszedni, amennyit csak tudtam. Közeledett a nagy nap, és már majdnem összejött a pénz a beköltözésre. De hiányzott belőle 100 font, tehát úgy gondoltam, hogy el se fogok menni oda. Hogyan szedtem volna össze 100 fontot másnapig? Úgyhogy már bele is törődtem a ténybe, hogy egy ideig még a szálláson kell maradnom. Mindenesetre barátom, Eddie O' Neil felhívott, és megkérdezte, hogy van-e kedvem Alecnél zenélni egy kicsit. Alec és Eddie gitárosok voltak, akikkel rendszerint olyan előadók dalait játszottuk együtt, mint a Waterboys és Van Morrison, meg ilyesmik. Szóval így válaszoltam: "Igen, persze. Ott találkozunk." "Ne fáradj" - mondta, - "itt van a bátyám a kocsijával, úgyhogy érted megyünk." Tehát ültem a szálló negyedik emeleti szobájában, bámultam ki az ablakon, és vártam az autót. Hamarosan meg is érkezett. Eddie kiszállt belőle és intett nekem. Gyorsan fölkaptam a szaxofonom, lerohantam, kimentem az elülső ajtón, és beszálltam a kocsiba. Alec 2 és fél mérföldre lakott. Az autóban Eddie a lakás felől érdeklődött: "Szóval, hogy boldogulsz a pénzszerzéssel a lakás-ügyben?" Azt feleltem: "Még száz font hiányzik, és holnap van a határidő, úgyhogy nem tudom kivenni a szobát" - mondtam. "Ó, milyen kár" - mondta, s egy ideig még beszélgettünk az úton.

So, I decided I was going to try to get this bedsit, and I worked very hard, busking all day, trying to make as much money as I could, and the day came when I almost had enough money to get this place to stay. I was a hundred pounds short, and I thought I wasn't going to get it. How could I earn a hundred pounds by the next day? So I resigned myself to the fact that I was going to have to stay in the hostel for a while longer. Anyway, I got a phone call from my friend Eddie, Eddie O'Neill, and he said, "Would you like to come up to Alec's house, and we'll play some music together?". Alec and Eddie were two guitarists that I used to busk with regularly, and we used to play songs by The Waterboys, Van Morrison, and such things. So I said, "Yes, of course. I'll meet you there". He said, "You don't need to, my brother is here, and he has a car, so we'll come and pick you up". I sat on the fourth floor of the hostel, looking out of the window, waiting for the car. The car arrived, and my friend Eddie got out and waved to me, so I picked up my saxophone and ran downstairs, went out of the front door, and got into the car. Now Alec lived about two and a half miles away. In the car, Eddie was asking me, "So, how are you getting on trying to get the money for a proper place to stay?". I said, "I'm a hundred pounds short, and tomorrow is the deadline, so I can't get it". He said, "Oh, that's a shame", and we talked for a while on the way up the road.

Amikor megérkeztünk Alec házához, megköszöntem a fuvart Eddie előttem ülő bátyjának, mire ő megfordult, és a kezembe nyomott 100 fontot, mondván: "Fizesd vissza, amikor tudod!" Vidáman mosolyogtam, és nem tudtam, mit mondjak. A "köszönöm" kevésnek tűnt. Egy szót sem tudtam kinyögni.

When we arrived at Alec's house, I said to Eddie's brother, who had been sitting in the front of the car, "Thanks a lot for the lift". He turned round and handed me a hundred pounds, and said, "Pay me back when you can"! So I smiled gleefully, and didn't know what to say. "Thank you" didn't seem enough. I was speechless.

Megvolt a pénz, így hát kivettem a lakást. Röviddel azután, egy napon az utcán zenéltem, s mivel nem volt rossz napom, elhatároztam, hogy iszom valamit abban a pubban, ahol egyik barátom játszott a zenekarával. Elmentem a helyre, lementem a lépcsőkön és Stevie, az együttes énekese felkiáltott: "Kenny!" Erre én: "Hello Stevie". "Hoztad a saxofonodat?" - kérdezte. "Igen" - feleltem. "Oh, ez nagyszerű" - mondta, - "mert Bob, a szaxofonosunk Manchesterbe utazott, hogy meglátogassa a lányát a születésnapján. Szóval játszol velünk?" Természetesen igent mondtam, és játszottam a koncertjükön, ami nem volt különösen jó, de azért minden rendben volt. A koncert után pedig huszonöt fontot fizettek nekem, ami akkoriban számomra rengeteg pénz volt. Nagyon meg voltam elégedve, mivel úgy is el kellett kezdenem takarékoskodni, hogy visszafizethessem a száz fontos tartozásomat.

I had the money so I got the flat, and shortly after that, a few days later, I was busking again on the streets, and I didn't have a bad day, so I decided to go for a drink, because the band of a friend of mine were playing in this pub. I went along, and went down the stairs, and Stevie, the singer of the band, said, "Kenny!" "Hello Stevie", I said. "Did you bring your saxophone?" he said. "Yes", I said. "Oh good", he replied, "because Bob, our saxophone player, has gone away to Manchester to visit his daughter for her birthday. So, will you play with us?". Of course I said yes. So I played the gig. I wasn't particularly good, but I was okay, and after the concert they paid me twenty-five pounds, which was a vast amount of money for me at the time. I needed to start saving to pay back my hundred pound debt, so I was very, very pleased.

Aztán a zenekar egyik tagja így szólt: "Látod ott azt a férfit? Egy együttes énekese és vezetője, és éppen kilépett a szaxofonosuk." Úgyhogy első fizetett koncertem után nagyon magabiztosan odamentem, és ezt mondtam: "Hallottam, hogy a bandádnak nincs szaxofonosa. Szeretnél egyet?" "Nos, igen" - válaszolta, - "de olyat keresek, aki nemcsak szaxofonon, hanem furulyán, és esetleg ír sípon is tud játszani." "Itt van, akit keresel" - mondtam gyorsan, - "én mindegyiken játszom!" Ez persze egy kissé túlzás volt, mivel eddig életemben nem furulyáztam, de úgy gondoltam, elég gyorsan meg lehet tanulni. "Oké" - mondta, - "mit csinálsz két hét múlva?" "Semmit" - válaszoltam, mire megkérdezte, hogy szeretnék-e Németországban turnézni a zenekarral. "Persze, hogy szeretnék" - feleltem. Ott és akkor elhatároztam, hogy két hétig turnézom Németországban egy olyan együttessel, melyről azelőtt soha nem hallottam. Úgyhogy valamilyen úton-módon be kellett szereznem egy furulyát, és meg kellett tanulnom játszani rajta. Sikerült kölcsönkérnem egyet, és 2 hétig megállás nélkül csak gyakoroltam rajta, aztán pedig elmentem turnézni az együttessel anélkül, hogy ismertem volna legalább egy dalt, vagy tudtam volna bármit is a bandáról.

Then one of the people in the band said "Do you see that man over there? He's the singer, and the leader, of a band whose saxophone player has just left", so I, feeling very confident after my first paid gig, went over to him and said, "I hear that your band no longer has a saxophone player. Would you like one?" "Well, yes", he said, "but I'm really looking for someone who plays more than just saxophone, someone that plays the flute and maybe the Irish whistle as well". I quickly replied, "Yes, that's me, I play all of those!", which was a slight exaggeration as I'd never played the flute before in my life, but I thought I could learn fast enough. He said, "Okay, what are you doing in two weeks' time?". I said, "Nothing", and he asked, "Would you like to go to Germany on tour, with my band". I said, "Of course, I'd love to", and so it was there and then decided that I would tour Germany, with a band I'd never even heard before, in two weeks. In that time, I had to somehow get hold of a flute and learn how to play it. Luckily, I was soon able to borrow a flute, and I played it very hard for two weeks and then went on tour with the band, not knowing any of the songs, or anything at all about the band, really.

Hat hétig turnéztam velük Németországban, aztán a rákövetkező 9 hónapban még négyszer mentem oda vissza velük. Hotelekben laktunk, és teljes ellátásban részesültünk, szóval nagyon jól éreztük magunkat. Velük való első koncertem életem második fizetett fellépése volt, és ráadásul egy rock-zenekar európai turnéjának keretében!

I spent six weeks in Germany touring with them, and over the next nine months I went to Germany four times with them, having a very good time, staying in hotels and being fully fed and watered. My first gig with them was my second paid concert ever, and I was on a European tour with a rock band!

Az egyik helyre minden hónapban, minden egyes turné alkalmával elmentünk zenélni. Harmadik alkalommal, amikor mentünk, novemberben éppen ünnepi szezon volt Kelet-Németországban. Ez idő alatt nagyon elfoglaltak voltunk, mivel néha napi háromszor is felléptünk, gyakran 200 km távolságra egymástól. Szóval elmentünk erre a helyre, Jenaba, és a koncertszervező rendezett nekünk egy focimeccset, amelyre a környéken minden angolul beszélő embert összeszedett. Így engem és a zenekar többi tagját is beszervezte a csapatba. Annak ellenére, hogy a németek csapata alaposan megvert minket, nagyon jó móka volt. A meccs után lezuhanyoztunk, és rögtön mentünk az aznapi koncertre. Nagyon fáradtak voltunk, hiszen reggel már volt egy fellépésünk egy másik helyen, s az előző napot kevéssel reggel hat előtt fejeztük be.

There was a place that we played every month that we were there, on each tour that we did, and the third time that we went there was in the festival season, which is in November in the east of Germany. During this time we played sometimes three concerts a day, often two hundred kilometres apart, so we were very busy. And we went to play at this place, in Jena, and the man who was organizing it had arranged a football match for us, and gathered up all of the English speaking people around to make a team, with spaces for myself and the others in the band. So we played this game of football against the German team and were thoroughly beaten, but it was very good fun. After this we went and had a shower, and went on to the concert. By this time we were very tired, as we'd already performed in another place that morning, and we'd finished the night before at six o'clock.

Azért csak folytattuk tovább a koncertezést. Na már most, egy dalcsokor 45 perces, és a szerződés szerint kettőt kell végigzenélni. Tehát játszol 45 percig, szünetet tartasz, és kezdheted a következőt. Mi is ezt tettük, de a második sorozat után az intézmény ügyfelei már olyan jó hangulatban voltak, hogy a főnök megkért minket, hogy játsszunk végig újabb 45 percet. Mivel nagyon fáradtak voltunk, nemet mondtunk. A főnök erre így szólt: "Ha adok újabb 100 márkát, fontolóra veszik?" Mi pedig így feleltünk: "Rendben van, csak magának." A következő sorozat elteltével újra feltette a kérdést, mi pedig ismét nemet mondtunk. Amikor viszont újabb száz márkát ajánlott fel, elfogadtuk. Még negyvenöt percig játszottunk, így egyre később lett, vagy inkább azt kellett volna mondanom, hogy kora reggel. Ez látszólag senkit nem zavart, a főnök pedig újra felkért minket. Ismét nemet mondtunk, mire újabb száz márkát ajánlott fel, de ekkor már annyira ki voltunk fáradva, hogy határozottan elutasítottuk. Ha nem tesszük meg, egész nap folytathattuk volna tovább. Tehát befejeztük a koncertet, és kimentünk friss levegőt szívni, mivel a fények alatt állni nagyon meleg és izzasztó volt. Leültünk pihenni egy sör mellé, de a hely még mindig nagyon zsúfolva volt emberekkel annak ellenére, hogy már reggel 5 óra volt. Néhány sör után visszamentünk a pubba. Amint kinyitottuk az ajtót, kiabálva, tapsolva, mindannyiunk vállát veregetve és nagy hangzavar kíséretében kiözönlött a tömeg, hogy visszavigyen minket a színpadra. Az énekesnek azonban nem volt kedve hozzá.

So we just kept on going, and went on to do the concert. Now, traditionally, one "set" of songs is forty-five minutes long, and the contract says that you have to do two sets, so you play for forty-five minutes, then have a break, and then play for another forty-five minutes. This we did, but after the second forty-five minutes the clientele of the establishment were having a very good time, and the boss requested that we play again, for another forty-five minutes. Now this was a lot to ask for, as we were very tired, so we said no. Well, the boss said, "If I give you another hundred marks, would you consider it?" and we said, "Okay, just for you", and we did another forty-five minute set, after which he said, "Will you play another forty-five minute set?", to which we again replied, "No". He again said, "What if I give you another hundred marks?", to which we again replied, "Yes". So we did yet another set, by which time it was getting rather late, or should I say early in the morning. But nobody seemed to mind, and the boss asked us to play again. We said no again, and the boss said, "I'll give you another hundred marks" again, but this time we were so burned out that we flatly said no. It could have gone on for the rest of the next day. So we finished the concert and went outside for some air, as it was very hot in there, under the lights, very hot and sweaty, and we sat down and relaxed and had a beer, but the place was still packed full of people - it was about five o' clock by this time. After a couple of beers, we went back into the pub, and as soon as we opened the door, the crowd erupted very noisily, shouting and clapping at us, patting us all on the back, to get us back on stage. However, the singer was not in the mood for this.

Végül az történt, hogy egymagam felsétáltam a színpadra, fogtam a szaxofonomat, leültem a pódium szélére, és nagyon lassan, mindenféle kötött dallam nélkül, különböző improvizációkat kitalálva játszani kezdtem. Körülbelül másfél óráig játszottam egyfolytában, aztán egy nagyon hosszú hanggal fejeztem be. Amikor végeztem, csönd volt. A szemem végig le volt hunyva, és úgy gondoltam, mindenki elment már. Aztán kinyitottam őket, és a helyiség még mindig tömve volt emberek százaival, akik mindnyájan engem hallgattak. Egyszerre mind-mind sikítozva és ordítozva eszeveszett őrjöngésbe kezdtek, és egymás után rendelték nekem a söröket. Egyszerűen elképesztő volt. Ez volt egész életem egyik legcsodálatosabb érzése.

What eventually happened was that I walked up to the stage on my own, picked up my saxophone, sat down on the edge of the stage, and started to play, very slowly, not playing any particular tune but just improvising, making things up. I played for about half an hour, and then ended on one very long note. As I finished there was silence. I had had my eyes closed all of the time, and I realized that there was silence, and I thought that maybe everyone had left. So I opened my eyes, and the place was still cram packed full of people, hundreds of them, and they were all just listening to me. Then they all went mad again screaming and shouting, and buying me beers. It was just amazing. It was one of the most amazing feelings I've ever had in my entire life.

1. Hová utazott Mike?
2. Miért kellett Glasgow-ban megállnia?
3. Hová ment, amikor kijött a kórházból?
4. Milyen hely volt az a szálló?
5. Mit kezdett el Mike csinálni, hogy megéljen?
6. Milyen dallamokat játszott?
7. Hogy tanult meg szaxofonozni?
8. Kivel kötött barátságot?
9. Mi volt érdekes az utcai zenészek nevében?
10. Ki beszélt neki a kibérelhető helyiségről?
11. Milyen egy tipikus garzonlakás?
12. Mit kellett tenned, hogy megszerezd a garzonlakást?
13. Mit kellett tennie, hogy elegendő pénzt takarítson meg, hogy kibéreljen egy lakást?
14. Mennyi hiányzott a határidő előtti napon?
15. Ki adta neki kölcsön a szükséges száz fontot?
16. Hogy érezte magát Mike, amikor a barátja bátyja átadta neki a pénzt?
17. Hová ment néhány nappal később italozni?
18. Mit javasolt a zenekar énekese Mike-nak?
19. Mennyit kapott az első fizetett koncertjéért?
20. Kit keresett egy másik zenekarnak a vezetője?
21. Mit ajánlott fel Mike-nak?
22. Mennyi ideig kellett Mike-nak tanulnia a furulyán játszania?
23. Mennyi ideig utaztak Németországban?
24. Mi volt szokatlan Mike részvételében?
25. Mit érzett, miután egyedül játszott?

1. Where was Mike travelling?
2. Why did he get stopped in Glasgow?
3. Where did he go when he came out of the hospital?
4. What kind of place was that hostel?
5. What did Mike start doing to earn his living?
6. What kind of tunes did he play?
7. How did he learn to play the saxophone?
8. Who did he make friends with?
9. What was interesting about the buskers' names?
10. Who told him of a place for rent?
11. What is a typical bedsit like?
12. What did you have to do to get a bedsit?
13. What did he have to do to save enough money to rent a place to stay?
14. How much was he short the day before the deadline?
15. Who lent him a necessary hundred pounds?
16. How did Mike feel when his friend's brother handed him the money?
17. Where did he go for a drink a few days later?
18. What did the singer of the band suggest Mike did?
19. How much did he get for his first paid gig?
20. Who was the leader of another band looking for?
21. What did he offer Mike to do?
22. How much time did Mike have to learn to play the flute?
23. How long did they tour Germany?
24. What was extraordinary about Mike participating?
25. What did he feel after he had been playing alone?

1. Gyakorlat

Mike Dublinba utazott egyfajta kerülőúton. Mirigyláz miatt azonban meg kellett állnia Glasgow-ban, így ott kellett maradnia, hogy visszanyerje az egészségét. Amikor a kórházból kijött, egy menhelyen húzta meg magát, amely meglehetősen zord hely volt. Nem volt pénze, úgyhogy az utcán kezdett el zenélni újonnan szerzett szaxofonjával.

Training 1

Mike was travelling, on his way to Dublin in a sort of roundabout way. However, he got stopped in Glasgow by catching glandular fever, so he had to stay there to recuperate. When he came out of the hospital, he went into a homeless hostel, which was quite a rough place. He didn't have any money, so he started busking with his newly acquired saxophone.

2. Gyakorlat

Így a hét minden napján kiállt zenélni, és így tanult meg szaxofonozni. Mike sok más utcazenésszel nagyon barátságosan kijött. És egyiküktől értesült egy kiadó lakásról, mely egy garzonokkal teli házban volt. És ha előre kifizetsz a háziúrnak egyhavi lakbért és 100 font foglalót, kivehetsz egy szobát.

Training 2

So he'd go out busking every day of the week, and that's how he learned to play the saxophone. Mike got very friendly with a lot of other buskers. And one of them let him know of a place for rent. It was a house full of bedsits. And if you gave the landlord one month's rent in advance, and one hundred pounds as a deposit, he would let you a room.

3. Gyakorlat

Így elhatározta, hogy megpróbálja kivenni. De száz font még mindig hiányzott. És aztán hirtelen az egyik új barátja kölcsönadott neki száz fontot! Így kivette a lakást. Néhány nappal később, felkérték, hogy játsszon egy bandával, mert a szaxofonosuk elutazott, hogy meglátogassa a lányát. Így Mike játszott a koncertjükön. Aztán pedig huszonöt fontot fizettek neki. El kellett kezdenie takarékoskodni, hogy visszafizesse a tartozását, így nagyon-nagyon elégedett volt.

Training 3

So, he decided to get this bedsit. But he still was a hundred pounds short. And then suddenly one of his new friends lent him a hundred pounds! So he got the flat. A few days later, he was asked to play with some band because their saxophone player had gone away to visit his daughter. So Mike played the gig. And after the concert they paid him twenty-five pounds. He needed to start saving to pay back his debt, so he was very, very pleased.

4. Gyakorlat

Aztán találkozott egy zenekar vezetőjével, aki olyan valakit keresett, aki szaxofonon, furulyán és ír sípon is játszik. Mike gyorsan azt válaszolta, hogy mindegyiken játszik, annak ellenére, hogy sosem furulyázott azelőtt. És két hét alatt körbeutazta Németországot az együttessel, amelyről azelőtt sosem hallott. Abban az időben meg kellett tanulnia, hogyan kell furulyázni. És két hétig megállás nélkül gyakorolt rajta, és aztán elment turnézni.

Training 4

Then he met the leader of a band - he was looking for someone that played the saxophone, the flute and the Irish whistle as well. Mike quickly replied that he played all of those, even though he'd never played the flute before. And so he was going to tour Germany, with a band he'd never even heard before, in two weeks. In that time, he had to learn how to play the flute. And he played it very hard for two weeks and then went on tour.

5. Gyakorlat

Hat hétig turnézott velük Németországban, aztán a rákövetkező 9 hónapban még négyszer ment vissza Németországba, teljes ellátásban részesültek, és nagyon jól érezték magukat. Velük való első koncertje élete második fizetett fellépése volt, és egy rock-zenekar európai turnéjának keretében! A teljesen zsúfolt helyen egymaga is játszott, és mindenki őt hallgatta. Ez volt egész élete egyik legcsodálatosabb érzése.

Training 5

He spent six weeks in Germany touring with them, and over the next nine months he went to Germany four times, having a very good time and being fully fed and watered. And though his first gig with them was his second paid concert ever, he was on a European tour with a rock band! He even played alone in the place cram packed full of people and they were all listening to him. It was one of the most amazing feelings he'd ever had.

LIDÉRCES KEMPINGEZÉS

Az a fajta ember vagyok, aki mindig az utolsó percig halogatja a dolgokat. Soha nem készülődöm hetekkel előbb a dolgokra. A nyaralásokra és a kirándulásokra rendszerint éppen az indulás előtt készülök el. Egyszer útnak indultam egy Ír-tengeren keresztüli utazásra, melynek során Írországba látogattunk volna el. Mivel minden ott járt barátom azt mesélte, hogy ott állandóan esik, fel voltam rá készülve. Viszont rájöttem, hogy nem is olyan szörnyű a helyzet, hiszen igaz, hogy ötször esik egy nap, de mindig csak rövid ideig. Általában csak 20 percig esett, aztán elállt. Ez számomra elég kényelmes volt, mivel észak-angliai otthonomba visszatérve azt tapasztaltam, hogy ott sokkal hidegebb van, és mindennap 5 órán keresztül esik az eső. Természetesen szükségem volt egy sátorra, amit szokásos módon a vonatindulás előtt 3 órával mentem el megvásárolni. Egy otthonomhoz közeli áruházban vettem meg egy nagyon olcsó, de véleményem szerint nagyon jó sátrat, potom 28 font 99 pennyért. Mivel nem volt túl sok pénzem, azt fontolgattam, hogy szükségem lenne-e valamire, amivel szárazon tudom tartani a holmijaimat, és amit nem túl nehéz cipelni. Úgy döntöttem, igen, mert lehet, hogy olyan helyzetbe kerülök, hogy éppen a szabadban sétálok vagy stoppolok, és elkezd esni az eső. Úgyhogy körülnéztem az áruházban, és találtam egy kicsi és könnyű batyuvá összehajtható nagy, vízhatlan műanyagponyvát, amit rögtön meg is vettem. Ha jól emlékszem, nagyon olcsó volt, csak pár fontba került. Hatalmas méretűvé széthajtogatták, és összesen 18 m2 volt.

I'm the kind of person who always leaves things until the last minute. I never prepare for things weeks in advance, and usually get ready for holidays and excursions just before I have to leave. I was embarking on a trip over the Irish Sea, to visit Ireland, and I knew that it would probably rain, as all my friends who had been there had told me that it never stops raining there. Actually, I found out that it wasn't so bad, as although it rains five times a day, it only seems to come in short bursts. It generally rained for maybe twenty minutes and then stopped, which was comfortable enough for me, as when I returned to my home in the north of England it was much colder and rained for five hours a day. So, of course, I needed a tent, but as usual I waited for three hours before my train left before going out to buy a tent. I went to a department store very close to my home, and for twenty-nine pounds and ninety-nine pence I bought a very cheap but, I thought, very nice tent. I thought that, as I didn't have so much money, I might find myself in the situation that I was out walking or hitch-hiking, and it could start to rain, and I would need something to put over my things to keep them dry, something that would also not be too heavy to carry, so I looked around in the store and found a nice large plastic tarpaulin which folded up into a small light bundle, and bought that. It was very cheap, a couple of pounds as I remember, but it folded out to a huge size - it was eighteen square metres when fully open.

Utazásom során ellátogattam Galway-be is. Egy este felvertem a sátram a mezőn, elmentem a legközelebbi kisvárosba, és kerestem egy barátságos kis kocsmát, ahol le lehet ülni, és talán még élőzene is van. Amíg a kocsmában ültem, és a helybeliekkel beszélgettem, egy rövid ideig esett odakint. Összességében meglehetősen eseménytelen este volt. Később visszamentem a sátramhoz azon gondolkozva, vajon átázott-e vagy sem, de boldogan tapasztaltam, hogy a belseje aránylag száraz maradt. Levetkőztem, bemásztam a hálózsákomba, és megpróbáltam elaludni. Nagyon fújt odakint a szél, s egy ideig álmatlanul feküdtem, és ezt hallgattam. Amikor végre sikerült elszenderednem, egy arcomra hulló jéghideg vízcsepp felébresztett. Megpróbáltam tovább aludni, de újra és újra a fejemre csöpögött a víz, míg azon vettem észre magam, hogy kezdek teljesen átázni. Az történt ugyanis, hogy a szél nyomása átpréselte az esőcseppeket a sátor bélésanyagán. Ekkor elővettem a műanyag leplemet, és a sátron belül betakartam magamat és a dolgaimat. Megpróbáltam újra elaludni, és majdnem sikerült is. Aztán eszembe jutott, hogy a fejemen levő műanyag lepel nem enged majd át elég levegőt, és megfulladok. Kitakartam a fejemet, s ekkor újra placcs!, rácsöppent a víz. Aznap éjjel nem sokat aludtam. Amikor reggel felkeltem, a ponyvát kisebb-nagyobb víztócsák borították. Következő éjjel ugyanolyan esős és szeles idő volt, így arra gondoltam, hogy sokkal okosabb lenne a műanyagot az egész sátorra ráteríteni. Aznap mindenem száraz maradt, mivel egész nap meleg volt, és a cuccaimat kitettem száradni a napsütésre. Este azzal a gondolattal feküdtem le, hogy az időjárással kapcsolatos problémáim megoldódtak.

During my trip I visited Galway, and one night there I had put up my tent in a field and gone to the nearest small town to look for a cosy pub to sit in, preferably with some music happening in it. It rained a little while I was in the pub, and I sat talking to some locals, but overall it was a fairly uneventful evening. Afterwards I went back to the tent, not knowing if it would be soaked through with water, but I was very happy to find that it was quite dry inside. I got undressed and climbed into my sleeping bag, and tried to sleep. It was very windy, and I lay awake for a while listening to the wind, and I had just managed to fall asleep when I was awoken by a very cold drop of water on my face. I tried to carry on sleeping, but again and again I was dripped on, until I found that I was really starting to get quite wet. What was happening was that the pressure of the wind was forcing the raindrops through the lining of the tent, so I took out my plastic sheet and put it over the top of me and all of my things, inside the tent. I tried to sleep again, and nearly managed, but I was thinking so hard about the plastic over my head, that maybe it wouldn't let any air through and I would suffocate. So I uncovered my head, and then again, sploosh, I was being dripped on. I didn't sleep much that night. When I woke up in the morning, the plastic sheet was covered with small puddles of rainwater. The next night the weather was the same, with some wind and rain, so I thought to be a bit cleverer I might cover the whole tent with the plastic. So I fixed the plastic sheet over the tent, with some rocks, and went into the tent. All of my clothes, my sleeping bag, and all of my thing were dry by that time, as the day had been sunny and I had put them all out in the sun, so I went to bed thinking my troubles with the weather were over.

Ám az éjszaka közepén hirtelen arra riadtam fel álmomból, hogy a sátor fele rám dőlt. A zuhogó esőben kimásztam belőle, és megpróbáltam újra felállítani, majd a kinti esőtől bőrig ázva visszamásztam a hálózsákomba. Nemsokára újra elaludtam, amikor - találd ki, mi történt! - az előző estéhez hasonlóan megint azt vettem észre, hogy hideg esőcseppek potyognak a fejemre. Ismét kimentem, és láttam, hogy a szél teljesen lefújta a sátorról a műanyag leplet, és lassan repítette át a mezőn. Visszaszereztem, és újra feltettem, de akkorra már mindenem kezdett átázni. Mindezt összevetve siralmas, hideg és szörnyen vizes éjszakám volt.

But halfway through the night, while I was sleeping, I awoke suddenly as half of the tent was falling on top of me. So I got out of the tent, in the pouring rain, and tried to reassemble it, then crawled back into my sleeping bag, wet to the bone from being outside in the rain. I nearly got back to sleep, when, guess what, I started to feel cold wet drops of water falling on my face, like on the previous night. So I went out again, and saw that this time the wind had blown the plastic sheet completely off of the tent, and it was slowly being blown across the field. I retrieved it, and set it up again, but by that time everything had started to get drenched again and I had an altogether miserable, cold, wet night.

Két év múlva újra visszamentem Írországba, és ekkor már úgy gondoltam, hogy sokkal okosabb lenne egy rossz minőségű 30 fontos sátor helyett egy valamivel jobbat venni, ami nem dől össze, és melegen tart. Körülnéztem, és egyik barátom tanácsát követve egy kempingboltban az előzőnél sokkal jobbat vettem. Elég nagy volt, és jóval vastagabb, vízálló béléssel rendelkezett.

Two years later I returned to Ireland, but this time I thought that it would be more intelligent not to go with a thirty pound tent but to invest a bit in a better one which would stay up and keep me dry. I looked around, and, acting on the advice of a friend, went to a camping store and bought a much better one. It was not so small, and had a much thicker, waterproof lining.

Egy nap elhatároztam, hogy meglátogatom egyik barátnőmet, akivel akkor találkoztam, amikor ott voltam. Otthon nem volt telefonja, de megadta a munkahelyi számát. Akkoriban északon voltam, és úgy döntöttem, hogy autóstoppal megyek el lakhelyére, Kerry megyébe. Két napos útra számítottam, de a vártnál sokkal jobban ment a stoppolás, és nagyon gyorsan odaértem. Egy éjszakát Killarney-ben töltöttem, másnap pedig újra elindultam Kerry-be. Tudtam, hogy 5-kor végez a munkahelyén, s mivel már 4 óra volt, azon gondolkoztam, hogy a legközelebbi faluban kellene találnom egy telefont. Ekkor egy kocsi fékezett mellettem, és a vezető azt kérdezte, hová akarok menni. Elmondtam neki, mire azt válaszolta, hogy jó darabig el tud vinni a célállomásom irányába. Megköszöntem neki, majd elmondtam, hogy az egyetlen problémám az, hogy 5 előtt telefonálnom kell egyet. "Semmi gond, semmi gond. Tessék" - mondta, és a kezembe nyomott egy mobiltelefont. Azelőtt még sohasem láttam ilyet, úgyhogy egy kicsit idegesen kezeltem. Nem igazán tudtam, hogyan kell használni, így hát megkérdeztem a gazdáját, hogy hol kell bekapcsolni. "Adja ide, majd én megcsinálom magának" - mondta, és megnyomott néhány gombot. Visszaadta, én pedig tárcsáztam a számot. Valami nagyon-nagyon halk hang jött a telefonból. Nem értettem mit mond, úgyhogy megkérdeztem, hogy beszélhetnék-e a barátnőmmel. Aztán csönd lett, és egy perc múlva egy másik hangot hallottam. Bemutatkoztam, s válaszul valami "Ó!" - féleséget hallottam. Ebből tudtam meg, hogy a megfelelő emberrel beszélek, de a következő mondatát megint nem értettem. "Nem hallok semmit. Megkérhetnélek, hogy egy kicsit beszélj hangosabban?" - mondtam, mire ő felelt valamit, de nem értettem egy szót sem. Egy kicsit csalódottnak éreztem magam. Akkor a vezetőhöz fordultam: "Be lehetne csukni az ablakot?" Becsukta, de még mindig nem igazán hallottam, hogy mit mond a barátnőm. Megkérdeztem, hogy fel lehet-e hangosítani a telefont. "Ezt kell megnyomni" - mondta, s én úgy is tettem, de a hang most már teljesen elhalkult. Meg voltam döbbenve.

One day I decided to go to visit a friend that I had met when I was there before. She didn't have a telephone at home, but had given me the telephone number of her workplace. So, at this time I was in the north, and I decided to hitchhike to where she lived, in County Kerry. I thought that it would take two days, that I would arrive two days later, but the hitchhiking was much more successful that I imagined it would be, and I got there very quickly. I stayed one night in Killarney, and the next day started again for Kerry. I knew that she would leave work at about five o'clock, and as it was about four I thought I should go to the nearest village to find a telephone. But a car stopped and the driver asked, "Where do you want to go?" and I told him, and he replied that he could take me a very long way in the direction of my destination. I thanked him very much, and told him that there was a problem, that I needed to telephone before five o'clock. He said, "No problem, no problem. Here you are", and handed me a mobile telephone, and I had never seen one before so I was a little nervous handling it. I didn't really know how to use it, so I asked, "Where do I have to press?" and he said, "Give it to me. I'll do it for you". He pressed a couple of buttons, and I took the telephone back and dialed the number, and heard a very very faint voice coming from the telephone. I couldn't understand what it was saying, so I just asked if I could speak to my friend. There was no sound, and then one minute later another voice came. I said my name, and I heard some kind of "Ah!" in response, so I knew I was talking to the right person, and she said something else which I couldn't understand. I said, "I can't hear anything, could you please talk louder?" and she responded again but I couldn't understand a word, and by this time I was getting a bit frustrated. I said to the driver, "Is it possible to close the window?", and he closed the window but I still couldn't really hear what she was saying. I asked if it was possible to make the volume louder, and the driver said, "You have to press here", so I did, and the sound disappeared completely. I was horrified.

Újra tárcsáztam, és ismét hallottam barátnőm hangját, de még mindig nagyon távolinak és halknak tűnt. A sofőr azt mondta, adjam át neki egy kicsit, aztán elvette, megfordította, és visszaadta nekem. Kínosan éreztem magam. A telefont egész idő alatt fordítva tartottam. Most már természetesen kristálytisztán hallottam barátnőm hangját.

I dialed again, and heard her voice again, but still sounding very faint and distant. The driver said, "Give it to me", and then took it, turned it round and then handed it back to me. I felt so embarrassed. I had been holding the telephone upside-down all of the time. So now, of course, I could hear her voice crystal clear.

Mivel már túl késő volt ahhoz, hogy találkozzunk, s aznap estére barátnőm is megbeszélt már egy találkozót valakivel, arra jutottam, hogy meglátogatom egy másik Killarney-ben élő barátomat, aki pont arrafelé lakott, amerre mentünk. Megkerestem a noteszomban a telefonszámát, és ismét a kocsiból telefonáltam. Egy nagyon barátságos nő vette fel, aki azt mondta, hogy barátom, Nicola jelenleg nincs otthon, de ha később újra próbálkozom, biztos megtalálom. Később újra felhívtam, de még mindig nem találtam otthon, de a hölgy azt mondta, mindenképpen menjek el, mert hamarosan haza fog érni, és elmagyarázta az útvonalat.

Well, it was too late to meet her that evening, as she said that she already had an appointment with somebody, so I decided to visit another friend who lived nearby, in Killarney, which was in the direction we were headed in. So I looked for the telephone number in my book, found it, and rang again from the car. A woman answered who was very friendly, and told me that my friend, Nicola, was not there, but if I tried to call back later I might catch her in. Well, I called again later, and she still wasn't in, but the lady said, "Come anyway, she'll surely be back later on" and gave me directions.

Killarney-be értünk, és megkértem soförömet, hogy tegyen ki, majd csomagjaimmal nagy nehezen elindultam a hegynek fölfelé. Megdöbbenve tapasztaltam, milyen gazdag környéken járok, hiszen egyik luxusvilla a másikat követte. Soha nem gondoltam volna, hogy barátomnak ilyen jól megy, s azt hittem, biztos rossz helyen járok. De nem, az irány úgy tűnt, hogy rendben van. Három-négy embert is megkérdeztem, míg egyszer csak a legelőkelőbb, leghatásosabb és legnagyobb luxusvilla szomszédságában találtam magam, mely a megadott címen állt. Olyan félős voltam azokat a nagyon gazdagnak tűnő embereket látva az ajtóban, hogy elmentem a közeli erdőbe eldugni a hátizsákomat és más csomagjaimat mielőtt a ház közelébe mernék menni.

We arrived in Killarney and I asked the driver to drop me off, then I had a stiff walk uphill with all of my baggage. I was shocked, because the area I was heading into, which I had directions to go to, was such a rich area, with one deluxe villa next to another. I didn't perceive my friend to be so well off, so I thought : "I must be in the wrong place". But no, the directions seemed to fit. I asked the way three or four times until I found myself at the grandest, most impressive, biggest luxury villa in the neighbourhood, and this was the place that I had directions for. I was so shy that on seeing the people in the doorway, who looked very rich, I went into a nearby forest to hide my rucksack and other baggage before I dared to approach the house.

Bekopogtam és egy nagyon barátságos hölgy nyitott ajtót, aki megkért, fáradjak be, és ott várakozzak. Lepakoltam csomagjaimat és leültem, a hölgy pedig nagyon finom vacsorát etetett velem. Aztán megérkezett Nicola bátyja és elmondta, hogy Nicola nagy valószínűséggel nem jön haza ma este, de tudja, hol lehet. Bár ő maga nem tudott elvinni oda, de elintézte, hogy a barátja elvigyen. De azt mondta, előtte föl kellene állítanom a sátramat a kertben, vagyis a ház melletti mezőn, ahol néhány ló legelészett. Erre viccelődni kezdtem, hogy amikor reggel majd felkelek, egy ló mellettem fog feküdni, de Nicola bátyja meggyőzött arról, hogy nem kell félnem. "Nem fognak semmit csinálni veled. Minden rendben lesz" - mondta.

I knocked, and a very friendly woman answered the door, and invited me to come inside and wait. I went to get my things and sat down inside, and she fed me a very tasty dinner, and then Nicola's brother came back, and said that Nicola wouldn't be back that night, but he knew where she was, and although he couldn't take me there he could arrange for his friend to later on. But first, he said, I should put up my tent in the garden, in a field next to the house where some horses were grazing. I joked that when I woke up a horse would be lying beside me, and he convinced me: "Don't be afraid. They won't do anything to you. You'll be perfectly okay."

Felállítottam a sátramat, és elmentem Nicola bátyának a barátjával. Beértünk a városba, és egyenesen abba a pubba mentünk, ahová Nicola is szokott járni, de nem találtuk ott. Mivel fogalmam sem volt arról, hogy hol lehet és nagyon jó zenés esemény volt a kocsmában úgy döntöttünk, hogy ott maradunk estére. Nálam volt a gitárom, és megkérdeztem, beszállhatok-e a zenélésbe, mire így válaszoltak: "Persze, persze, gyere és ülj le közénk." Nos, mivel nem volt szabad hely, de az írek általában nagyon barátságosak, az egyik férfi, aki éppen nem játszott, odaadta a székét, hogy le tudjak ülni közéjük játszani. Igazán kellemes estében volt részem aznap, s a jobbnál jobb zenészekkel hajnali két óráig játszottunk. Az egyik tangóharmonikás azt mesélte, hogy néhány évvel ezelőtt megnyerte az írországi bajnokságot, mint az év legjobb tangóharmonikása.

I set up my tent and then left with Nicola's brother's friend. We got into town and went straight to the pub where Nicola usually went, and we didn't find her there but decided to stay there for the evening, as we had no other ideas as to where she might be, and there was a really good session happening in the pub. I had my guitar, and asked if I could play with them, and they replied, "Of course, of course, come and sit down." Well, there were no seats free, but Irish people are really friendly, and one man who wasn't playing gave me his chair so that I could sit down and play. I had a thoroughly enjoyable evening there, playing until about two in the morning, with very very good musicians. One of the accordion players said that he had won the All-Ireland championship a couple of years before, being awarded the prize for Best Accordion Player.

Amikor visszamentem a házhoz, a sátramat teljesen összeomolva és a földig lerombolva találtam meg, mivel a lovak ráültek, amíg a városban voltam. Bekúsztam a tönkrement sátorba és megpróbáltam elaludni, de aztán inkább egy istállóba mentem aludni, mert féltem, hogy a lovak rám taposnak, vagy rám ülnek. Nagyon dühös voltam!

When I returned to the house I found that the tent had completely collapsed, and was flat on the floor, as the horses had sat on it while I was in the town. I crawled into the smashed up tent and tried to sleep, but I was really afraid that a horse would come and trample all over me, or sit on me, in the night, so I went off to sleep in a barn. I was infuriated!

1. Milyen Joshua?
2. Hová ment?
3. Miért volt szüksége sátorra?
4. Miért nem bánta az írországi esőt?
5. Miért kellett vennie egy sátrat a legközelebbi áruházban?
6. Mi mást vásárolt ott?
7. Hol állította fel a sátrát Galway-ban?
8. Hol töltötte az estét?
9. Milyen volt az időjárás?
10. Száraznak találta a sátrat belül?
11. Mi ébresztette fel?
12. Mi történt?
13. Mit csinált, hogy megvédje magát és a dolgait?
14. Mitől félt?
15. Mi történt nem sokkal azután, miután kitakarta a fejét?
16. Mit csinált másnap éjszaka, hogy megelőzze ugyanazt a problémát?
17. Miért ébredt fel az éjszaka közepén?
18. Mi történt, miután ismét összeállította a sátrat?
19. Miért nem tudott még akkor sem aludni, miután helyrehozta a műanyag leplet?
20. Milyen sátrat vásárolt a legközelebbi írországi látogatására?
21. Miként határozott, kit látogat meg?
22. Miért nem volt a barátja otthon, mikor megérkezett?
23. Hol kellett felállítania a sátrat?
24. Mit fedezett fel, amikor visszatért a kocsmából?
25. Végül miért aludt egy pajtában?

1. What is Joshua like?
2. Where was he going?
3. Why did he need a tent?
4. Why didn't he mind the rain in Ireland?
5. Why did he have to buy a tent in the nearest department store?
6. What else did he buy there?
7. Where did he put up his tent in Galway?
8. Where did he spend the evening?
9. What was the weather like?
10. Did he find his tent dry inside?
11. What was he awoken by?
12. What was happening?
13. What did he do to protect himself and his things?
14. What was he afraid of?
15. What happened as soon as he uncovered his head?
16. What did he do the next night to prevent the same trouble?
17. Why did he awake halfway through the night?
18. What happened after he had reassembled the tent?
19. Why couldn't he sleep even after he had retrieved the plastic sheet?
20. What kind of tent did he buy for his next visit to Ireland?
21. Who did decide to visit?
22. Why wasn't his friend in when he arrived?
23. Where did he have to set up the tent?
24. What did he discover when he returned from the pub?
25. Why did he end up sleeping in a barn?

1. Gyakorlat
Joshua az a fajta ember, aki mindig az utolsó percig halogatja a dolgokat. Egyszer Írországba látogatott el, és tudta, hogy valószínűleg esni fog. Így szüksége volt egy sátorra, de szokás szerint 3 órát várt mielőtt a vonat elindult. Elment egy áruházba és vett egy nagyon olcsó sátrat. És talált egy nagy műanyagponyvát is és megvette.

Training 1
Joshua's the kind of person who always leaves things until the last minute. He was going to visit Ireland and knew that it would probably rain. So he needed a tent, but as usual he waited for three hours before his train left. So he went to a department store and bought a very cheap tent. He also found a large plastic tarpaulin and bought that.

2. Gyakorlat
Az egyik esős éjszaka nagyon szeles volt, és épp elaludt, amikor az arcára hulló jéghideg vízcsepp felébresztette. A szél nyomása átpréselte az esőcseppeket a sátor bélésanyagán, így elővett egy műanyag leplet, és magára terítette. Megpróbált újra elaludni, de félt, hogy meg fog fulladni. Így kitakarta a fejét, s ekkor újra rácsöppent a víz. Aznap éjjel nem sokat aludt.

Training 2
One rainy night was very windy, and he had just managed to fall asleep when he was awoken by a very cold drop of water on his face. The pressure of the wind was forcing the raindrops through the lining of the tent, so he took out a plastic sheet and put it over the top of him. He tried to sleep again, but he was afraid, that he'd suffocate. So he uncovered his head, and then again he was being dripped on. He didn't sleep much that night.

3. Gyakorlat
Következő éjjel felerősítette a műanyagot a sátorra. De az éjszaka közepén hirtelen arra riadt fel álmából, hogy a sátor fele rádőlt. Így a zuhogó esőben kimászott belőle, és megpróbálta újra felállítani. Majdnem elaludt, amikor hideg esőcseppek kezdtek az arcára potyogni, mert a szél teljesen lefújta a sátorról a műanyag leplet. Joshua újra feltette, de mindezt összevetve siralmas, hideg és vizes éjszakája volt.

Training 3
The next night he fixed the plastic sheet over the tent. But halfway through the night, he awoke suddenly as half of the tent was falling on him. So he got out of the tent, in the pouring rain, and tried to reassemble it. He nearly got back to sleep, when he started to feel cold drops of water falling on his face because the wind had blown the plastic sheet off of the tent. Joshua set it up again, but he had an altogether miserable, cold, wet night.

4. Gyakorlat
Két év múlva újra visszament Írországba, de ezúttal sokkal jobb sátrat vett. Egy nap elhatározta, hogy meglátogatja az egyik barátnőjét, Nicola-t autóstoppal. A sofőr kölcsönadott neki egy mobiltelefont, hogy értesítse Nicola-t, hogy jön, de alig hallott valamit. Amikor megérkezett, Nicola nem volt otthon, de a bátyja elmondta, hogy hol van. Azt is elmondta, hogy állítsa fel a sátrát a mezőn, ahol néhány ló legelészett.

Training 4
Two years later he returned to Ireland, but this time he bought a much better tent. One day he decided to hitchhike to see his friend Nicola. The driver lent him a mobile phone to let her know he was coming but he could hardly hear anything. When he arrived Nicola wasn't in, but her brother told him where she was. He also told him to put up his tent in a field where some horses were grazing.

213

5. Gyakorlat

Joshua felállította a sátrat, aztán bement abba a pubba, ahová Nicola is szokott járni. Nem találta ott, de igazán kellemes estében volt része aznap. Amikor visszament, a sátrát teljesen összeomolva találta meg, mivel a lovak ráültek. Bekúszott és megpróbált elaludni, de aztán inkább bement aludni egy istállóba, mert félt, hogy a lovak ráülnek. Nagyon dühös volt!

Training 5

Joshua set up his tent and then went to the pub where Nicola usually went. He didn't find her but he had an enjoyable evening there. When he returned, he found that the tent had completely collapsed, as the horses had sat on it. He crawled into it and tried to sleep, but he was afraid that a horse would sit on him, so he went off to sleep in a barn. He was infuriated!

A TITKOS ALAGÚT

Egyházközségünknek igen szép, a korai középkorból származó temploma van a falu közepén. Sokszor újjáépítették már, de a templom néhány része, beleértve az alapzatot is, még eredeti. Nem sokkal ezelőtt összegyűlt egy kis pénz a fűtés bevezetésére, ami a templom nagysága miatt tényleg szükségessé vált. Néha ugyanis valóban nagyon hideg volt, főleg a téli időszakokban. Szóval, összegyűlt a pénz, és a gázszerelők megérkeztek a munkájukat végezni. A plébános segítséget kért a sok nehéz templomi pad eltávolításához, mivel az új fűtőrendszer csövei a padló alatt húzódtak volna. Néhány helyi fiú - köztük én is - felajánlotta segítségét a művelethez. Az összekapcsolt padokat nehéz volt emelgetni és tologatni, de végül is sikerült.

There is a really beautiful old church in our parish, in the middle of our village, which dates back to the early Middle Ages. This church was rebuilt several times, but parts of the church, including the foundations, are original. A while ago, some money was raised to install a heating system in the church, as it's quite big and it really needed one as it sometimes gets really cold, especially in the winter time. So, the money was collected, and the gas people came to work there. The vicar asked for some help, because some of the pipes of the new heating system were to go underneath the floor and there are many heavy benches in the church, which needed to be removed during the operation. Some of the local boys volunteered to help, and I was one of them. The benches were connected together in stacks, and so it was hard work to lift or to push them away, but we managed it.

A padló nagy része más régi templomokban is fellelhető márványlapokkal volt beborítva, de a padok alatt volt egy olyan terület, ahol nem márvány, hanem néhány ősinek látszó tégla volt. Nagyon izgatottak voltunk, hogy mi lehet az, mivel hallottunk történeteket egy régi, korai középkorból származó földalatti átjáróról, ami a templom alatti kriptából indul és a legközelebbi városban lévő kastéllyal van összeköttetésben.

Most of the church floor was covered with a kind of marble slabs, the same as you can find in many other churches, but under where the benches were, there was an area where there was no marble, but some ancient-looking bricks. We were really excited to think of what it could be, as we had heard stories about there being an old underground passageway, leading from a crypt beneath the area of the church, and that this passageway had been connected with the castle in the nearest city, twelve miles away, since mediaeval times.

Egyik barátommal együtt elkezdtünk lefelé ásni. Meglehetősen könnyen eltávolítottuk az első sor téglát, és alatta földet találtunk. Mivel régóta a templom alatt volt elzárva mindenféle víztől és levegőtől, teljesen száraz volt, és egyszerűen csak ki kellett söpörni. Pár percre el kellett mennem egy közeli irodába néhány papírt elintézni, de a barátom ezalatt is folytatta az ásást. Mivel nagyon izgatott voltam, siettem vissza. Az egész nem tartott tovább 10 percnél. Amikor visszaértem, és berohantam a templomba, láttam, hogy a barátomnak már csak a feje látszik ki egy gödörből, ami mellett egy nagy rakás föld van. Hihetetlen volt így látnom ott, miután annyi évig minden vasárnap csak azt láttam, hogy ott van a templomban, és soha nem is gondoltam volna, hogy ennyivel a padló alatt, amin állni szoktunk, föld legyen. Barátom néhány igazi emberi csontot húzott ki a földből, és egy halomba rakta őket. Úgy tűnt, hogy nagyon sok csont és nagyon sok emberi csontváz van a föld alatt. A gödör egyik fala pedig olyan finom földből volt, hogy mindenféle ellenállás nélkül át lehetett szúrni rajta egy botot. Nyilvánvalóan egy földalatti átjáró volt, ami elvezetett valahova. Képzelheted, milyen izgatottak voltunk! Mindent megtaláltunk: a folyosót is, és a kriptát is. Én pedig nagyon szeretem a középkori dolgokat.

So, a friend of mine and I started to try to dig down there. It was relatively easy to pull out the top layer of bricks, and underneath them we found soil. It was easy to dig the soil, as it was completely dry, having been closed off underneath the church for such a long time, and you could just sweep it out. I had to leave for a few minutes, as I had to sort out some papers in a nearby office, but my friend continued digging. So I left, and was quick to return, as I was so excited. It didn't take ten minutes. I came back, and rushed into the church, and I saw my friend standing in a hole up to his shoulders, with a big pile of earth next to him beside the hole. It was quite amazing to see him there like that, after seeing the church so many times before, every Sunday, and not thinking twice about the floor, and realize that a very short distance beneath the floor we usually stand on is soil. My friend was pulling out some bones, real human bones, and making a pile of them on the floor! There seemed to be many sets of bones down there, skeletons of many people. We found that one side of the hole was so soft that you could just push a stick through it, with no resistance, just push it through. It was obviously a passageway, it lead somewhere, for sure. We were so excited, you know. We had found the passageway, and we had found the crypt, everything, you know, and you know I really love mediaeval stuff.

Aztán néhány munkás érkezett, és azt mondták, hagyjuk abba az ásást, mert archeológust kell hívni, aki megfelelően kiássa a dolgokat, és orvost is, mert a csontok lehet, hogy valamilyen középkori betegséggel vannak megfertőzve, és járványt okozhatnak. Azt mondták, minden földet tegyünk vissza, ám ekkor jött a plébános, és így szólt: „Ó, ne is törődjenek vele, semmiség az egész!" Így hát ott álltunk a felfedezés kellős közepén, és egyszerűen minden csontot és földet újra vissza kellett tennünk az gödörbe.

Then some workmen came in, and they told us to stop, because we should call an archaeologist to take the things out correctly, as this could be a real historical find, and a doctor because the bones could be infected with some disease from the Middle Ages and cause a big epidemic. They told us to put all of the earth back, and then the vicar came and said, "Oh, don't bother with it, it's just too much of a headache." So we were there, you know, in the heat of this discovery, and we had to just put all of the bones and soil back in the ground again.

217

Hihetetlenül mérgesek voltunk. Néhány nap múlva a munkások leraktak egy réteg kemény cementet a belső padlóra, úgyhogy ez a mi rejtélyünk maradt. Biztos vagyok benne, hogy az átjárót találtuk meg, és nem tudom, mikor fog valaki legközelebb azzal törődni, hogy mi van a templom alatt. Szerintem pompás alkalom volt az ásatásra, mivel a munkálatok miatt úgysem használták a templomot, és a padok is mind el voltak távolítva. Ma már a padok újra a helyükön vannak, a padlót bevonták cementtel, hát ki fogja megtudni, mi van ott?

We were so angry! After a few days, the workmen put a layer of hard cement over the entire floor, so this remained our mystery. I'm sure we found the passageway, but I don't know when the next time will be that someone bothers to see what's underneath the church. That was such a good time to excavate it, as they couldn't use the church anyway because of the work being done there, and the benches were all out of the way. Now that the benches are all back and the floor coated with cement, who's going to see what's there?

1. Milyen a Mike egyházközösségében lévő templom?
2. Vannak a középkorból származó eredeti részei?
3. Miért volt szüksége a templomnak fűtési rendszerre?
4. Honnan származott a pénz ennek bevezetésére?
5. Miért kérte meg a plébános a fiúkat, hogy segítsenek?
6. Mit kellett tenniük?
7. Mivel volt a padok alatti padló lefedve?
8. Miért voltak a fiúk olyan izgatottak, hogy felfedezték a különbséget?
9. Ki kezdett el ott leásni?
10. Nehéz munka volt?
11. Miért volt olyan könnyű a földet ásni?
12. Miért kellett Mike-nak egy időre elmennie?
13. Mennyi ideig volt kint?
14. Mit látott, amikor visszatért?
15. Meglepő volt ilyen mély lyukat látni a templomban?
16. Mit húzott ki a barátja?
17. Mi volt szokatlan a lyuk egyik oldalán?
18. Minek kellett ennek lennie?
19. Miért voltak a fiúk olyan feldobódottak?
20. Mit mondtak nekik a munkások?
21. Miért kellett archeológust hívniuk?
22. Miért kellett orvost is hívni?
23. Mi volt a plébános reakciója?
24. Miért voltak a fiúk mérgesek?
25. Mi történt néhány nappal később?

1. What is church in Mike's parish like?
2. Are there any original parts from the Middle Ages?
3. Why did the church need a heating system?
4. Where did the money for its installation come from?
5. Why did the vicar ask the boys to help?
6. What did they have to do?
7. What was the floor under the benches covered with?
8. Why were the boys so excited to discover that difference?
9. Who started to dig down there?
10. Was it hard work?
11. Why was it so easy to dig the soil?
12. Why did Mike have to leave for a while?
13. How long was he out?
14. What did he see when he returned?
15. What was it amazing to see such a deep hole in the church?
16. What was his friend pulling out?
17. What was unusual about one side of the hole?
18. What must it have been?
19. Why were the boys so exhilarated?
20. What did the workmen tell them to do?
21. What should they call an archaeologist for?
22. Why was the doctor to be called, too?
23. What was the vicar's reaction?
24. Why were the boys angry?
25. What happened a few days later?

1. Gyakorlat

Van egy nagyon szép, régi templom Mike egyházközségében, ami a korai középkorból származik. Nem sokkal ezelőtt összegyűlt egy kis pénz a templomban lévő fűtés bevezetésére, és megérkeztek a gázszerelők, hogy dolgozzanak. A plébános kért némi segítséget, mert a templomban sok nehéz pad volt, amiket el kellett távolítani a munkálatok idejére. Néhány helyi fiú felajánlotta segítségét a művelethez, és Mike köztük volt.

Training 1

There is a really beautiful old church in Mike's parish, which dates back to the early Middle Ages. A while ago, some money was raised to install a heating system in the church, and the gas people came to work there. The vicar asked for some help, because there are many heavy benches in the church, which needed to be removed during the operation. Some of the local boys volunteered to help, and Mike was one of them.

2. Gyakorlat

A templomi padló nagy része márványlapokkal volt beborítva, de a padok alatt volt egy olyan terület, ahol néhány ősinek látszó tégla volt. A fiúk nagyon izgatottak voltak, mert már hallottak történeteket egy a templom alatti kriptából a legközelebbi város kastélyába vezető, régi földalatti folyosó létezéséről.

Training 2

Most of the church floor was covered with a kind of marble slabs, but under the benches there was an area where there were some ancient-looking bricks. The boys were really excited about it, as they had heard stories about an old underground passageway, leading from a crypt beneath the area of the church, and connected with the castle in the nearest city.

3. Gyakorlat
Így Mike a barátjával együtt elkezdett lefelé ásni. Meglehetősen könnyen eltávolították az első sor téglát, és alatta földet találtak. Könnyű volt kiásni a földet. Mike-nak pár percre el kellett mennie, és amikor visszaért, a barátja igazi emberi csontokat húzott ki, és a padlón egy halomba rakta őket! Úgy találták, hogy a gödör egyik fala olyan finom földből volt, hogy mindenféle ellenállás nélkül át lehetett szúrni rajta egy botot. Nyilvánvalóan egy föld alatti átjáró volt.

Training 3
So, Mike and his friend started to dig down there. It was relatively easy to pull out the top layer of bricks, and underneath them they found soil. It was easy to dig the soil. Mike had to leave for a few minutes, and when he came back, his friend was pulling out real human bones, and making a pile of them on the floor! They found that one side of the hole was so soft that you could just push a stick through it. It was obviously a passageway.

4. Gyakorlat
Nagyon izgatottak voltak. Megtalálták az átjárót és a kriptát. Aztán néhány munkás érkezett, és azt mondták hagyják abba az ásást, mert archeológust kell hívni, aki megfelelően kiássa a dolgokat, és orvost is, mert a csontok lehet, hogy valamilyen betegséggel vannak megfertőzve. Azt mondták, minden földet tegyenek vissza, ám ekkor jött a plébános, és szólt, hogy ne is törődjenek vele, semmiség az egész.

Training 4
They were so excited. They had found the passageway, and they had found the crypt. Then some workmen came in, and they told them to stop, because they should call an archaeologist to take the things out correctly, and a doctor because the bones could be infected with some disease. They told them to put all of the earth back, and then the vicar came and told them not to bother as it was just too much of a headache.

5. Gyakorlat
Így hát ott álltak a felfedezés tüzében, és egyszerűen minden csontot és földet újra vissza kellett tenniük az gödörbe. Hihetetlenül mérgesek voltak! Néhány nap múlva a munkások kemény cementréteget tettek az egész padlóra, így ez az ő rejtélyük maradt. Mike biztos benne, hogy senki sem fogja látni, mi van most ott, mert a padok már a helyükön vannak, és a padlót bevonták cementtel.

Training 5
So they were in the heat of this discovery, and they had just to put all of the bones and soil back in the ground again. They were so angry! After a few days, the workmen put a layer of hard cement over the entire floor, so this remained their mystery. Mike is sure nobody is going to see what's there now that the benches are all back and the floor is coated with cement.

Made in the USA
Monee, IL
28 September 2020

43404192R10128